Ein Fisch im Urwald
Unglaubwürdige Geschichten

Andreas Mundt

Ein Fisch im Urwald

Unglaubwürdige Geschichten

Edition Falkenberg

Titelabbildung: fotolia

1. Auflage 2017

ISBN 978-3-95494-121-6
www.edition-falkenberg.de

Inhalt

Prolog

An einem Samstagnachmittag traf ich im Urwald einen Fisch.

Er lag still am Fuß einer knorrigen Eiche.

Verwundert fragte ich ihn: »Was machen Sie hier? Wieso sind Sie nicht in einem See oder in einem Fluss? Jedenfalls irgendwo im Wasser?«

Er gab mir keine Antwort.

Ich weiß nicht, schwieg er, weil er schon tot war?

Oder hielt er seine Geschichte für so unglaubwürdig, dass er sie mir nicht erzählen mochte?

... und er roch schon ein wenig.

Die Kuh

»Die Viecher kommen weg! Ich mach den Laden dicht!«, schnauzt Herbert, die Arme auf das Gatter gestützt. »Ich bin zu alt für diesen Scheiß. Und jetzt wo deine Mutter nicht mehr ist …« Seine Tochter steht mit hängenden Schultern neben ihm. »Du willst ja den Hof nicht übernehmen. Also müssen die Rinder weg. Morgen früh werden sie abgeholt.« Der Bauer steckt sich eine Zigarette in den Mund, ohne sie anzuzünden. »Die Weiden habe ich auch verkloppt.«

»Hast du denn einen anständigen Preis gekriegt, Papa?«

»Für das Land schon«, nuschelt er mit der Zigarette zwischen den Lippen, »die Gemeinde will da Reihenhäuser hinstellen.« Nun stört ihn die Kippe doch. Er nimmt sie aus dem Mund. »Die Rinder haben kaum was gebracht. Zu alt. Kommen direkt zum Schlachthof. Als Milchkühe bin ich sie nicht losgeworden. Die da«, er deutet mit seiner Zigarettenhand auf eine Kuh, »gibt überhaupt nichts mehr. Keinen Tropfen.«

»Und das Haus? Und der Stall?«

»Behalte ich. Irgendwo muss ich ja wohnen. Diese Weide behalt ich auch. Will nicht, dass sie mir Neubauten direkt vor die Nase setzen.« Er steckt sich erneut die kalte Kippe zwischen die Lippen.

»Du machst es genau richtig, Papa. Hast dir den Ruhestand wirklich verdient.«

»Ich scheiß auf den Ruhestand. Ich warte nur darauf, dass ich deiner Mutter folgen kann.«

Seine Tochter hält ihm die Flamme eines Feuerzeuges vor das Gesicht. Er dreht sich um und geht.

In aller Frühe wird die Herde zusammengetrieben und in einen Viehtransporter gepfercht. Es ist eng und stickig. Die Kuh, die keinen Tropfen Milch mehr gibt, ist nervös. Sie hat Angst und keine Ahnung, was geschehen wird. Stundenlang steht sie eingezwängt zwischen den anderen. Der Kasten, in dem sie eingesperrt ist, ruckelt und wackelt unentwegt. Sie kann nicht umkippen. Dafür ist nicht genügend Platz da. Es stinkt und sie ist bald durstig. Mit den Hufen steht sie in Fäkalien. Es ist eine lange, schreckliche Fahrt. Der Kuh wird übel. Plötzlich kracht es. Ein heftiger Stoß. Metall kreischt auf Metall, der Wagen kippt, Rinder fallen durcheinander und brechen sich die Beine. Die Ladeluken springen auf und frische Luft strömt herein.

Die Kuh verlässt etwas torkelnd den Viehtransporter. Ihre Artgenossinnen brüllen hinter ihr her, brüllen vor Schmerz und Entsetzen. Auch menschliches Geschrei ist zu hören. Es ist laut und unruhig. Zum Glück ist sie nicht verletzt. Sie geht an der Autobahn entlang, bis sie eine Lücke in der Leitplanke findet und den saftigen Grünstreifen betritt. Genüsslich rupft sie frische Gräser, entdeckt sogar ein kleines Bächlein, an dem sie den Durst stillen kann. Nachdenklich betrachtet sie all die Autos, die an ihr vorbeisausen. Einige von ihnen haben blaue Blinklichter auf den Dächern. Merkwürdig. Die Kuh mampft das leckere Grün, hebt den Schwanz und lässt einen mächtigen Fladen ab. Nun legt sie sich hin und käut wieder. Eine Weile beobachtet sie den Verkehr. Sie fühlt sich allein. Eine Kuh braucht eine Herde. Schwerfällig steht sie auf und säuft aus dem Bach. Kurz schaut sie zur Autobahn, dreht sich dann entschlossen um und trottet davon. Sie spaziert in ein Birkenwäldchen, die Sonne scheint durch das Laub, hier und da wächst wunderbares Futter, die Geräusche der Autos sind kaum noch zu hören. Sie ist nicht gern allein, doch ansonsten ist sie zufrieden. Am

Abend findet sie ein gemütliches Plätzchen im Unterholz, legt sich hin und käut wieder. Bald wird sie eine neue Herde finden.

Bis die Vögel zwitschern und die Sonne aufgeht, ruht sie sich aus. Es beginnt ein neuer Tag. Die Kuh erhebt zunächst ihr Hinterteil und stemmt sich dann mit den Vorderbeinen hoch.

Der härteste Teil der Borsteler Dorfjugend, Leiche, Schmuddel und Zero, lungert in dem alten Bauwagen rum. An guten Tagen schrauben die Halbstarken an ihren Mofas, an sehr guten Tagen bekommen sie Besuch von ein paar Mädchen. Heute ist kein guter Tag. Es regnet ununterbrochen. Schmuddel zerdrückt die gerade geleerte Bierbüchse, wirft sie gegen die Wand und lässt einen mächtigen Rülpser ab.

»Du Sau!«, schimpft Leiche, »das stinkt nach Verwesung!«

»Ich muss pissen.«

»Dann geh doch.«

»Es regnet.«

Zero mischt sich ein: »Da steht 'ne Kuh.« Er sitzt am Fenster und schaut in das Schmuddelwetter. Da die anderen nicht auf seine Bemerkung reagieren, wiederholt er: »Ey Leute, da draußen steht 'ne Kuh.«

Nun sehen sie zu dritt durch die schmutzige Scheibe.

Leiche staunt: »Was will die denn hier?«

»Ich muss pissen.«

»Dann geh doch, du Schwachmat!«

Schmuddel zieht einen Flunsch wie ein Kleinkind, schlurft nach draußen und pinkelt von außen gegen den Wagen. Die Kuh beobachtet ihn dabei.

»Also Leute, wie geht das jetzt weiter?«, fragt Leiche ratlos.

Schmuddel versucht, sein Gesicht mit dem Ärmel trockenzuwischen.

Zero glotzt die Kuh an. »Wir können sie einfach wieder gehen lassen.«

»Oder wir grillen sie«, schlägt Schmuddel begeistert vor. »Geil! Lasst uns eine Grillparty schmeißen!«

»Super Idee«, antwortet Leiche ironisch. »Und wer sticht das Vieh ab? Du vielleicht?«

Kurz überlegt Schmuddel, dann haut er Zero auf die Schulter. »Dein Onkel ist doch Schlachter? Mach du das!«

»Spinnst du? Ich bringe keine Kuh um!«

Nachdenklich schaut Leiche zu dem Tier. »Das kann ja eigentlich nicht so schwierig sein.«

»Oder wir verticken sie«, schlägt Schmuddel vor. »Dann können wir auch ’ne Party aufziehen.«

»Gute Idee«, lobt ihn Leiche. »Was glaubst du, Zero? Was würde uns dein Onkel für das Vieh geben?«

»Keine Ahnung. Der ist ein Arsch, mit dem laber ich nicht.«

»Mensch, denk mal nach. Wir könnten uns ’ne Palette Bier holen. Und was zum Grillen. Vielleicht kommen sogar ein paar Miezen zur Party, denk bloß mal nach, Mann!«

Leiche nickt. »Du brauchst ihn nur anquatschen, das kann doch nicht so schwierig sein.«

Sie reden auf Zero ein, bis er widerwillig erklärt, er könne seinen Onkel ja mal fragen.

Da sie keinen Strick haben, um das Rind anzubinden, wollen sie das Tier in den Bauwagen sperren. Die drei sind überrascht, wie zutraulich die Kuh ist, wie gutmütig sie sich zum Wagen führen lässt.

»Booah, ist die lieb, Mann, ich glaub, sie mag mich!«

»Schnauze, Zero!«

Als sie vor Jahren den Bauwagen übernahmen, mussten sie den Eingang erweitern, um das Sofa hineinzubekommen. Sie hatten die komplette hintere Wand herausgenommen und stattdessen eine leichte Sperrholztür eingesetzt. So ist der Einstieg breit genug für eine Kuh.

Zero stellt einen Eimer unter das Hinterteil des Tieres. »Vielleicht muss das Vieh mal kacken!« Dann gehen sie fort.

Die Kuh käut gemütlich wieder und denkt über die drei Menschenwesen nach. Sie gefallen ihr nicht. Das ist doch keine richtige Herde. Beim Wiederkäuen und Nachdenken döst sie ein. Erst als es hell wird, wacht sie auf. Gleich merkt sie, wie hungrig sie ist. Und Durst hat sie auch. Umständlich steht sie auf, hebt den Schwanz und lässt einen Fladen auf das Linoleum klatschen. Neben den Eimer. Hier will sie nicht bleiben. Diese Menschenwesen sind ihr suspekt. Die Tür braucht nur einen kleinen Stups, schon splittert das dünne Sperrholz und der Weg ist frei. Sie bricht auf und sucht eine neue Herde. Im Vorübergehen rupft sie gelegentlich Grasbüschel. Am Rande eines Maisfeldes trifft sie auf eine Rotte Wildschweine. Die finden die Kuh uninteressant, dulden sie aber in ihrer Mitte. Wiederkäuend liegt sie bald zwischen den dösenden Schweinen und fühlt sich fast ein bisschen geborgen. Die Borstentiere wühlen nun den Boden auf und wälzen sich in der feuchten, nasskalten Erde.

Bevor die Kuh mit ihnen Freundschaft schließen kann, suchen die Schweinewesen das Weite. Sie ist wieder alleine und sehnt sich nach Zuhause, nach einer Herde. Etwas traurig stemmt sie ihr Hinterteil in die Höhe, steht auch mit dem Vorderteil auf und trottet durch das Maisfeld davon.

Im Wartehäuschen einer Bushaltestelle sitzt ein Mensch aus Portugal. Seine Haare sind verzottelt und aus seiner rechten Manteltasche ragt eine halbleere Schnapsflasche. Als er die Kuh sieht, wundert er sich und denkt: »Die Deutschen sind merkwürdig. Sie lassen ihr Vieh einfach so spazieren gehen. Aber wieso auch nicht?« Er begrüßt das Tier freundlich.

»Weißt du, Kuh, durch Ereignisse, über die ich jetzt nicht reden möchte, … denn sie sind viel zu kompliziert für ein Rinderhirn … jedenfalls haben mich gewisse Umstände …«

Mit vielen Worten erklärt er ihr, dass ihm das Schicksal übel mitgespielt habe. Einst sei er ein richtiger Zirkusdirektor gewesen, doch heute sei er arm und mittellos und besitze nur das, was er am Leibe trage. Und die Schnapsflasche, aber die habe er bereits bis zur Hälfte geleert. Bedauerlicherweise.

Die Kuh versteht kein Wort.

»Vielleicht kannst du mir helfen, vielleicht kannst du ein paar Kunststücke einüben. Durch einen brennenden Reifen springen oder so. Da könnte ich mir was verdienen und finanziell wieder auf die Füße kommen. Ich habe schon versucht, einen Hasen zu dressieren, aber der war völlig untalentiert.«

Aufmerksam und freundlich hört das Rind dem Fremden zu und antwortet schließlich mit einem langen »Mmuuuh!«

Der Direktor ist ganz angetan von der Idee, der Kuh akrobatische Kunststücke beizubringen. Er lässt sich auf alle viere nieder, richtet den Oberkörper auf und streckt die Arme zum Himmel. »Siehst du, so macht man Männchen«, erklärt er ihr.

Die Kuh schaut ihn mit großen Augen an. Könnte sie ihre Gedanken in Worte fassen, würden sie in etwa lauten: »Die Menschenwesen sind merkwürdig, sie plappern und plappern und manchmal turnen sie. Aber wieso auch nicht?« Wiederkäuend schaut sie ihm zu. Dieser Mensch ist zwar lustig, hilft ihr aber nicht weiter. Nachdenklich dreht sie sich um und geht.

»Hey, Kuh, bleib hier!«, ruft er ihr hinterher. »Wir können auch was anderes üben. Hast du schon mal versucht, einen Ball auf der Nase…?«

Doch sie beachtet ihn nicht mehr.

Bald kommt sie an eine Wiese, auf der ihr das Gras besonders frisch und appetitlich erscheint. Sie rupft das saftige Grün und ruht sich ein wenig aus. Beim Wiederkäuen denkt sie über die merkwürdigen Menschenwesen nach.

Hauptkommissar Hans-Jürgen Blaschke ist im Begriff, sich das Leben zu nehmen. Er steht auf einer wackeligen Klappleiter mitten im Wald und befestigt einen Strick an einem kräftigen Ast. Gleich wird er sich die Schlinge umlegen und sich von der Trittleiter stürzen. Vermutlich wird das nicht schmerzfrei vonstattengehen, daher hat er eine erhebliche Menge Schmerztabletten geschluckt. Ihm ist etwas übel und er ist sich nicht sicher, ob es an den Pillen, an seiner Aufregung oder an der Endgültigkeit seines Planes liegt.

Der Hauptkommissar a.D. hadert schon seit geraumer Zeit mit dem Leben, doch seitdem er im Ruhestand ist, ist ihm das Dasein noch unerträglicher geworden. Nun hat er nicht einmal mehr die Arbeit, über die er sich ärgern kann. Da bleibt nichts mehr, wofür es sich zu leben lohnt. Dabei hatte er seinen Ruhestand seit Jahren herbeigesehnt.

Als junger Bursche wollte er nicht zur Polizei. Er wäre viel lieber – ein Lächeln zieht über sein Gesicht – ein Tänzer geworden. Doch sein Vater hatte ihm gesagt, er solle einen vernünftigen Beruf ergreifen. Tanzen sei doch keine Arbeit, er werde ihm schon die »schwulen Flausen« austreiben. Tja, und da ist er eben Polizist geworden, wie zuvor sein Vater. Und sein Großvater. Und er ist ein guter Polizist geworden. Hat beinahe jeden Fall gelöst. Blaschke seufzt. Aber er hätte auch ein guter Tänzer werden können. Dann wäre sein Leben ganz anders verlaufen.

Zögernd hebt er die fertig geknüpfte Schlinge, will sie sich gerade über den Kopf ziehen, da stutzt er, hält in seiner Bewegung inne. Eine Kuh steht direkt vor ihm und schaut ihn mit großen Augen an. Verärgert schüttelt der Hauptkommissar den Kopf, als könne er auf diese Weise den Kuhblick loswerden. Da sieht er etwas, was ihn völlig irritiert: Das Tier fängt an zu tanzen! Mit dem linken vorderen Bein macht es einen Ausfallschritt, zieht elegant das rechte nach. Blaschke vermutet, dass die Kuh die hinteren Beine synchron mitzieht. Mit einem eleganten kleinen Schlenker setzt sie das Bein wieder zurück und lässt das andere folgen. Der Hauptkommissar starrt die Kuh an. Diese schwenkt den Kopf nach rechts und in einem Bogen auf die linke Seite, hebt ihn weit in den Nacken zurück und lässt ein tiefes, langgezogenes »Mmuuuh« erklingen. Anschließend dreht sie sich in fließenden Bewegungen um und geht.

Vorsichtig steigt der Beinahe-Selbstmörder von der Leiter.

Wie könnte er jetzt seinem Leben ein Ende setzen? Er kann doch immer noch ein Tänzer werden. Wenn sogar eine Kuh das kann! Eine echte Begabung löst sich nicht einfach so auf. Mit dem linken Bein macht er einen Ausfallschritt, zieht elegant das rechte nach. Der Hauptkommissar tänzelt glücklich befreit durch den Wald zurück zu seinem Wagen. Die nun ausgelassene Stimmung wird auch nicht dadurch verdorben, dass er versehentlich in einen Kuhfladen tritt.

Möglicherweise wird ihm eines Tages auffallen, dass das Rind, das er tanzend im Wald gesehen hat, mit den vielen Schmerztabletten zusammenhängen könnte, die er eingenommen hatte. Aber das wird keine Rolle mehr spielen. Er ist ein Tänzer!

Am Wegesrand wächst leckeres Gras. Ab und an lässt die Kuh einen Fladen hineinklatschen und setzt ihren Weg fort. Sie interessiert sich nicht für komische Menschenwesen, die im Wald auf wackligen Klappleitern herumstehen. Die Wolken geben die Sonne frei. Es wird warm. Die Kuh nimmt einen Geruch wahr, der ihr bekannt vorkommt. Zunächst kann sie ihn nicht einordnen, doch bald wird ihr klar, was sie da wittert: Das ist Heimatduft! So, genau so, riecht ihr Zuhause. Kurz darauf steht sie am Gatter vor der Weide. Hier hat sie glückliche Stunden verbracht. Endlich ist sie zu Hause, und doch fühlt sie weiterhin eine Art Heimweh. Sie vermisst die Herde. Nur ein Hauch von ihrem Duft liegt noch in der Luft. Die Kuh rupft und verschlingt verlegen Grasbüschel, legt sich schließlich vor das Tor und käut wieder.

»Und ich guck aus dem Fenster und was seh ich da?« Grinsend beantwortet der alte Bauer die eigene Frage: »Das Rindvieh ist zu mir zurückgekommen. Einfach so.« Er steht mit seiner Tochter am Gatter und schaut auf die Weide. Als die Kuh die beiden bemerkt, kommt sie angetrottet und lässt sich von Herbert tätscheln.

»Sie hat mich vermisst, die Gute.« Er klopft ihr liebevoll den Hals. »Und ich sie auch.«

»Was ist mit dem Ruhestand?«

»Ach was, Ruhestand! Sie braucht doch jemanden. Ein bisschen erinnert sie an deine Mutter, meinst du nicht? Komisch, dass mir das nie aufgefallen ist, aber sie guckt genau wie sie. So nett und freundlich.«

»Soso.«

»Jetzt bin ich ihre Herde, finde ich.«

Und das findet die Kuh auch.

Kitsch

Wo zum Teufel ist mein Schlüsselbund? Ich klopfe die Taschen der Jacke ab, die am Haken neben der Tür hängt – nichts. Ich gehe zu dem kleinen Nachttischchen, ziehe die Schublade heraus und sehe hinein. Da liegen nur ein Buch und eine Tafel Schokolade. Ich taste meine Hosentaschen ab – nichts. Dabei will ich nach Hause. Ohne die Schlüssel kann ich nicht gehen. Der gepackte Koffer liegt auf dem Bett. Ich öffne den Schnappverschluss, vielleicht habe ich sie versehentlich eingepackt. Jemand klopft an die Tür.

»Ja, herein«, rufe ich.

»Guten Morgen Herr Schröter, haben Sie gut geschlafen?«, begrüßt mich eine Fremde. Sie geht zum Bett, greift meinen Koffer und wuchtet ihn auf den Schrank. »Den haben Sie ja auch wieder hervorgekramt, dass Sie nichts Besseres zu tun haben. Sie lesen doch so gerne. Oder wollen Sie Musik hören?«

Ich will etwas sagen, kriege aber kaum ein Wort heraus. Die Frau sieht aus wie Renate. Nicht so, wie sie heute aussieht, sondern so wie damals, als ich sie kennengelernt habe und sie noch ein junger Hüpfer war. Sie steht mit dem Rücken zu mir und fummelt am Radio herum, verstellt mir die Sender. Schließlich scheint sie zufrieden und lässt es in Ruhe. Nervige Schlagermusik dudelt. »Bitte nicht«, sage ich zu der Fremden, »bitte schalten Sie das aus.« Sie zuckt mit den Schultern und erfüllt mir diesen Wunsch. Die plötzliche Stille ist mir etwas unangenehm.

»Wissen Sie, dass Sie genau aussehen wie meine Frau?«, frage ich. »Also, ich meine natürlich, wie sie früher ausgesehen hat, als sie jung und hübsch war.«

»Ja, ich weiß, das haben Sie mir schon das eine oder andere Mal verraten.« Sie lächelt mich an. »Ich wollte Sie eigentlich nur schnell fragen, ob Sie mit den anderen gemeinsam im Speisesaal oder lieber wieder alleine in Ihrem Zimmer essen wollen.«

»Das ist sehr freundlich von Ihnen, aber heute Mittag bin ich gar nicht mehr hier. Es wird Zeit, dass ich nach Hause komme.«

»Ja, sicher, aber es gibt gleich Essen, also, wo möchten Sie es einnehmen?«

Was soll ich darauf antworten? Ich werde nicht bis zum Mittag bleiben. Renate wird schon auf mich warten.

»Na, ich hole Sie einfach ab, dann hocken Sie nicht wieder allein im Zimmer rum.«

Und schwups, ist sie zur Tür raus.

Mit den Handflächen taste ich die Hosentaschen ab. Sie sind leer. Wo ist eigentlich mein Schlüsselbund? Ich gehe zu dem kleinen Nachttischchen, ziehe die Schublade heraus und sehe hinein. Da liegen nur ein Buch und eine Tafel Schokolade. Ich klopfe die Taschen der Jacke ab, die an einem Haken neben der Tür hängt – nichts. Dabei möchte ich nach Hause. Nachdenklich ziehe ich den Koffer vom Schrank. Ich kann doch hier nicht weg, wenn ich nicht weiß, wo ich die Schlüssel habe. Ich öffne den Koffer, vielleicht habe ich sie versehentlich eingepackt. Ich suche überall, bis eine Fremde mich abholt und in einen Speisesaal führt.

Nach dem Essen will ich in mein Zimmer gehen. Ich muss ja den Koffer packen. Aber irgendwie habe ich die falsche Richtung eingeschlagen, als ich den Saal verließ. Jetzt irre ich durch lange Flure, in denen ich noch nie im Leben gewesen bin. Sie sind geschmackvoll gestaltet. An den

Wänden hängen Bilder, hier und da stehen Zimmerpflanzen herum. Es wirkt fast gar nicht wie ein Krankenhaus. Jedenfalls ist es ein sehr großes Gebäude. Ich laufe durch endlos viele und endlos lange Gänge. Es ist zum Verzweifeln. Endlich spricht mich eine Fremde an. Sie sieht ein bisschen aus wie Renate. Sie lächelt freundlich und zeigt mir den Weg zu meinem Zimmer. Dort angekommen bemerke ich, dass ich die Schlüssel verloren habe. Das ist ärgerlich, denn ich will nach Hause. Ich taste die Taschen der Jacke ab, gehe zum Nachttisch und ziehe die Schublade auf. Aber hier finde ich bloß ein Buch und eine Tafel Schokolade. Auch im Koffer sind keine Schlüssel. Ratlos sehe ich mich im Raum um. Mein Blick bleibt am Radio hängen. Ich könnte etwas Musik hören. Doch als ich es einschalte, bemerke ich, dass irgendwer den Sender verstellt hat. So ein Mist! Bei den neumodischen Geräten weiß ich nie, wie ich meinen Lieblingssender reinkriege. Schlecht gelaunt drücke ich an den Knöpfen herum. Jetzt gelingt es mir nicht mal, das Ding leiser zu stellen oder einfach abzuschalten. Der teuflische Kasten jault Schlagermusik in den Raum und lässt sich nicht beruhigen. Mir tun bei diesem Krach die Ohren weh. Die Tür wird aufgerissen und eine Frau platzt ins Zimmer, eilt mit drei großen Schritten zum Radio und bringt es zum Schweigen.

»Puh«, sagt sie, »da haben wir uns wohl ein bisschen in der Lautstärke vertan, nicht wahr?«

Ich nicke erleichtert und sehe die Fremde überrascht an. »Wissen Sie, dass Sie genau aussehen wie meine Frau?« Ich kann es gar nicht fassen. »Also, ich meine natürlich, wie sie früher ausgesehen hat, als sie jung und hübsch war.«

Sie seufzt. »Jaja, das haben Sie mir schon gelegentlich verraten, Sie Charmeur.«

Sie dreht sich um und geht zur Tür. Bevor sie den Raum verlässt, sagt sie mir noch: »Am besten lassen Sie das Gerät in Ruhe. Es gibt sowieso bald Kaffee.«

Und dann ist sie weg. Aber bis zum Kaffee kann ich nicht bleiben. Ich muss nach Hause. Renate macht sich bestimmt schon Sorgen. Als ich mir die Jacke anziehen möchte, fühlt sie sich so leicht an. Beim Abtasten der Taschen stelle ich fest, dass mein Schlüsselbund nicht mehr da ist. Wo zum Teufel ist das bloß geblieben? Ich klopfe die Gesäßtaschen ab – nichts. Mein Blick fällt auf den gepackten Koffer. Vielleicht ist es mir dort hineingeraten? Gerade will ich ihn öffnen, da klopft es an der Tür. »Ja, herein«, rufe ich. Eine Frau tritt ein. Sie kommt mir irgendwie bekannt vor. Ja, wenn ich sie mir genauer betrachte, sieht sie ein bisschen aus wie Renate.

»Hallo Papa«, sagt sie.

Da muss ich ein wenig schmunzeln. Natürlich! Das kann doch gar nicht Renate sein. Die ist viel zu jung. Das ist meine Tochter. Ich bin ja ganz durcheinander.

»Hallo Papa«, sagt sie nochmal. »Wie geht es dir heute?«

»Ich habe mein Schlüsselbund verloren.«

Sie zieht die Augenbrauen hoch. »Nicht schon wieder diese Nummer.«

»Ja, ich weiß auch nicht, es ist einfach weg.«

»Ich bring dir nächstes Mal den Ersatzschlüssel mit.«

»Aber ich brauche ihn jetzt«, sage ich. »Ich will doch nach Hause.«

»Ach Papa, du bist hier zu Hause.«

Ich sehe mich um. Meint die das ernst? »Nee, hier wohne ich nicht.«

»Doch Papa, das ist dein Zuhause. Hier gehörst du hin.«

Langsam schüttele ich den Kopf. »Und was ist mit dem Haus in der Borsteler Straße?«

Das junge Mädchen nimmt meine Hand, streichelt sie und behauptet: »Das haben wir schon vor vielen Jahren verkauft, Papa.«

»Wo zum Teufel ist eigentlich mein Schlüsselbund?«

Da klopft es an der Tür und eine Frau bringt uns Kaffee und ein paar Kekse.

Ein bisschen sieht sie aus wie Renate.

Wo zum Teufel ist eigentlich mein Schlüsselbund? Ich ziehe die Nachttischschublade auf. Keine Schlüssel. Auch in der Jacke, die neben der Tür an einem Haken hängt, sind sie nicht. Habe ich sie versehentlich eingepackt? Ich durchsuche den Koffer, kann sie aber nicht finden. Was soll ich jetzt bloß tun? Mein Blick bleibt am Radio hängen. Ich könnte vielleicht mal wieder Musik hören. Das habe ich schon so lange nicht mehr getan. Als ich es einschalte, merke ich, dass irgendjemand den Sender verstellt hat. Ich drücke an den Knöpfen herum. Bei den modernen Geräten kann ja kein Mensch einen Sender einstellen. Es klopft an der Tür.

»Ja, herein«, rufe ich.

Eine junge Frau kommt in das Zimmer. Ein bisschen ähnelt sie Renate.

»Hallo Papa«, begrüßt sie mich. »Wie geht es dir denn heute?«

»Ich habe meine Schlüssel verloren.«

»Ach Papa, vergiss sie. Sieh mal, was ich dir mitgebracht habe.«

Sie reicht mir einen in Papier eingewickelten Gegenstand. Ich bedanke mich und finde eine Figur aus Porzellan in dem Päckchen. Ein zierliches Mädchen mit braunen Locken, in denen Goldstaub glitzert. Sie balanciert mit einem Fuß auf einem Porzellanhügelchen mit Blümchen. Das andere Bein hält sie nach hinten ausgestreckt wie eine Balletttänzerin. Auf dem Rücken trägt die kleine Ballerina blasslila Schmetterlingsflügelchen.

»Meine Güte, was für ein Kitsch.«

Die hübsche Tochter lacht und antwortet: »Ja, das kann man wohl sagen. Aber weißt du, ich habe sie auf dem Flohmarkt gefunden und musste gleich an Mama denken.«

»Ja, die wird ihr gefallen.«

Ich stelle die Figur neben das Radio auf das Regal. »Du, ich muss jetzt auch los, deine Mutter wartet schon auf mich.«

»Ach Papa«, sagt da die junge Frau traurig, »Mama ist tot. Schon seit vielen Jahren.«

Sie nimmt die Elfe und sieht sie sich an.

»Aber die hätte ihr gefallen«, murmelt sie nachdenklich.

»Wo zum Teufel ist eigentlich mein Schlüsselbund?«

Ich taste die Hosentaschen ab. Jetzt habe ich doch glatt die Schlüssel verlegt, dabei muss ich nach Hause. Renate wird schon warten.

»Ich muss doch los«, sage ich.

»Ach Papa …«

Es ist stockfinster. Ich liege im Bett und spüre, dass ich nicht zu Hause bin. Ich habe keine Ahnung, wo ich bin und was mich geweckt hat. Doch dann höre ich es wieder: ein glockenklares Lachen. Ich schaue mich in der Dunkelheit um und sehe ein geheimnisvolles Licht, ein Glimmen, ein Leuchten. Und dann entdecke ich sie, eine Elfe, ein Mädchen mit blasslila Schmetterlingsflügelchen und einem goldenen Glitzern in den Locken. Sie sieht ein bisschen aus wie eine der kitschigen Figuren, die Renate so liebt.

Ich kann den Blick kaum von der leuchtenden Erscheinung abwenden. Und so sehe ich sie mir an, höre das liebliche Lachen, während die Zeit an mir vorübertickert und keine Bedeutung mehr hat.

Ich will nach Hause. Meinen Koffer habe ich bereits gepackt. Aber wo zum Teufel ist eigentlich mein Schlüsselbund? Ich taste meine Hosentaschen ab. Da fällt mein Blick auf eine Figur neben dem Radio. Die soll wohl ein Märchenwesen, eine Elfe darstellen. Sicherlich gehört sie Renate. Die mag ja solchen Nippes. Ich nehme die kitschige Figur in die Hand und lächele sie an. Die werde ich ihr mit nach Hause bringen, sie wird sich freuen.

Eine fremde Frau stellt mir den Sender am Radio richtig ein. Sie ist hübsch und nett und freundlich. Und sie sieht ein bisschen aus wie Renate. Aber ich glaube, sie ist etwas verwirrt. Sie nennt mich dauernd Papa. Jedenfalls schließt sie einen Kopfhörer an, setzt ihn mir auf und steckt eine kleine runde Scheibe in das Gerät. Und dann spielen sie Händels Messias. Diese Aufnahme kenne ich. Die hatte ich früher auf Schallplatte. Es singt die unvergessliche Gundula Janowitz und Karl Richter dirigiert. Eine herrliche Einspielung!

Wo zum Teufel ist eigentlich mein Schlüsselbund? Ich suche überall. In den Hosentaschen, in der Jacke und in der Nachttischschublade. Sogar im Koffer sehe ich nach, obwohl ich den ja eben erst gepackt habe und es wüsste, wenn die Schlüssel dort wären. Gerade gehe ich in die Hocke, um unter dem Bett nachzusehen, da höre ich ein leises Lachen. Es ist kein gewöhnliches, albernes Gekicher. Nein, es ist etwas Besonderes. Glockenklar, freundlich hell und fröhlich erinnert es mich an Tautropfen im Sonnenlicht und an den sommerlichen Tanz von Schmetterlingen. Ich drehe meinen Kopf in die Richtung, aus der es kommt, und sehe Unglaubliches: Neben dem neumodischen Radio sitzt eine kleine Elfe und lacht. Sie hockt auf einem Porzellanhügelchen, bewegt ein wenig die blasslila Flügel, wirft das Köpfchen mit den goldglitzernden Locken in den Nacken und lässt ein erfrischendes Lachen in den Raum plätschern.

Überrascht stehe ich vom Fußboden auf. Es fällt mir gar nicht schwer, obwohl mir normalerweise meine Gelenke ziemlich zu schaffen machen. Langsam gehe ich die drei oder vier Schritte zum Regal und sehe mir das sonderbare Wesen aus der Nähe an.

»Wer bist denn du?«, frage ich verwirrt. »Oder besser formuliert: WAS bist denn du?«

Sie hält kurz im Lachen inne. Sieht mir in die Augen. Nun wirft sie wieder das zierliche Köpfchen in den Nacken und lacht erneut.

Ich kann gar nicht glauben, dass es wahr ist, was ich da erlebe. Vorsichtig strecke ich den Zeigefinger aus und möchte dem Wesen einen leichten Stups geben. Die Elfe strahlt mich an, ergreift den Finger und fängt an, mit den Flügeln zu flattern. Die kleinen Flügelchen bewegen sich so schnell, dass sie nur noch als blasslila Schimmer zu erkennen sind. Dadurch entsteht ein sirrendes Geräusch und das merkwürdige Wesen erhebt sich wie ein Kolibri in die Luft. Dabei lacht die Elfe unentwegt und hebt meinen dicken, alten Finger an. Ich spüre eine Leichtigkeit in mir, nicht nur im Gemüt, nein, auch im ganzen Körper. Kurz denke ich: Wo zum Teufel ist eigentlich mein Schlüsselbund? Aber im gleichen Moment bemerke ich, dass es keine Rolle spielt, nie eine Rolle gespielt hat. Ich lache gemeinsam mit der kleinen Elfe. Sie hält mir die Hand und zusammen fliegen wir kolibrigleich davon.

Das schwarze Loch

Als ich morgens aufstehen wollte, fand ich ein schwarzes Loch vor meinem Bett. Beinahe wäre ich hineingetreten. Es war nicht sehr groß, übte aber eine ungeheure Anziehungskraft auf mich aus. Zunächst begriff ich nicht, womit ich es zu tun hatte. Ich sah nur ein merkwürdiges Etwas. Oder besser formuliert, ich sah, dass ich an dieser Stelle nichts sah – ein ungehöriges Nichts. Ich kniete nieder und betrachtete es von Nahem. Da fühlte ich einen starken Sog, ich spürte den Drang, es zu berühren. Ich griff eine herumliegende Socke und ließ ihre Spitze in das Loch baumeln. Sie wurde mir augenblicklich entrissen und verschwand mit einem schmatzenden Geräusch. Das war gruselig, machte aber auch Spaß. Ich holte den Papierkorb und ließ seinen Inhalt Stück für Stück vom Nichts aufsaugen. Nachdem der Behälter geleert war, warf ich ihn hinterher. Mit dem Mülleimer aus der Küche wiederholte ich das Spiel. Es war faszinierend.

Mit Bedauern musste ich bald feststellen, dass sich in der ganzen Wohnung kein weiterer Abfall mehr befand. Als ich nun zum schwarzen Loch sah, schien es mir, als sei es ein Wenig gewachsen. »Komisch«, dachte ich und überlegte, ob ich die Mülltonne vom Hof reinholen sollte. Mein Blick wurde dermaßen stark von diesem Mysterium angezogen, dass ich nicht mehr klar denken konnte. Ich verließ das Schlafzimmer und setzte mich in die Küche. Es war eine ungewöhnliche Situation. Ich habe noch nie zuvor mit schwarzen Löchern zu tun gehabt. Ich wusste nicht, wie man korrekt mit ihnen umgehen sollte. Wie angestrengt ich auch grübelte, ich kam zu keiner Lösung. Zumal ich immer wieder mit den Gedanken abschweifte und darüber nachdachte, was ich als Nächstes verschwinden lassen könnte.

Am Abend ging ich nicht ins Bett. Auf gar keinen Fall wollte ich unmittelbar neben dem schwarzen Loch einschlafen. Das schien mir zu gefährlich. Stattdessen legte ich mich ins Wohnzimmer auf das Sofa. Nervös wälzte ich mich hin und her, und wenn ich zwischendurch mal kurz einnickte, schreckte ich gleich darauf aus schlechten Träumen auf. In den frühen

Morgenstunden stand ich auf und holte die Mülltonne ins Haus. Nachdem ich den Behälter entleert hatte, konnte ich der Versuchung nicht wiederstehen und warf die Abfalltonne hinterher.

Die nächsten Tage verbrachte ich damit, Material zu sammeln, um es zu versenken. Das machte Spaß und fesselte mich so sehr, dass ich mich bei der Arbeit krankmeldete. Ich stahl den Müll der Nachbarn aus den Tonnen und sammelte Abfall von den Gehwegen. Ich plünderte sogar den Altpapiercontainer an der Ecke. Bald reichte all das nicht mehr aus und ich verballerte die Möbel. Meine Welt, mein Dasein, all mein Denken und Handeln drehte sich nur noch darum, das schwarze Loch zu füttern. Es war, als seien Vernunft und Verstand ebenfalls in ihm verschwunden.

Wenige Tage später meldete ich mich nicht mehr krank. Ich meldete mich einfach gar nicht mehr. Weder bei der Arbeit noch sonstwo. In der ersten Zeit klingelte oft das Telefon, aber das verschwand ebenso wie alles andere im schwarzen Loch. Sämtliche Post, Werbung und hochamtliche Briefe, all dieser weltliche Kram, ich verschonte nichts, ich ließ alles in ihm verschwinden. Sogar meine geliebte Schallplattensammlung mit unbezahlbaren Jazzscheiben warf ich hinein. Von der Wohnungseinrichtung blieb nur das Sofa, auf dem ich in der ersten Zeit noch schlief, von der Kleidung nur das, was ich am Leibe trug. Kleinere Gegenstände wie die Zahnbürste und den Rasierer brauchte ich gar nicht direkt hineinzugeben. Es reichte, wenn ich sie in der Nähe auf den Boden legte. Ich konnte dabei zusehen, wie sie angesogen wurden, wie sie über das blanke Linoleum in das Loch rutschten, als habe die Schwerkraft eine andere Wirkrichtung angenommen. Das machte Spaß und faszinierte mich total. Etwas Gruseliges oder Unheimliches fand ich nicht mehr daran.

Gelegentlich klopften Leute an die Tür. Klingeln konnten sie nicht, denn mir war der Strom längst abgestellt worden. Manchmal riefen sie nach mir. An den Stimmen erkannte ich meine Schwester, Nachbarn, alte Freunde. Ich kümmerte mich nicht um sie, ich hatte keine Zeit für irgendwelche Menschen. Viel zu wichtig war es, Material aufzutreiben. Wenn ich jemanden an der Tür bemerkte, blieb ich still und tat so, als sei ich nicht zu Hause. Als eines Tages meine Mutter vor dem Haus nach mir rief, stellte ich mir die Frage, wie es sich wohl anhören würde, wenn ein Mensch im Loch verschwinden würde. Doch bevor ich es ausprobieren konnte, ging sie leider fort.

Kurz darauf fing ich an, die Hunde und Katzen der Nachbarschaft zu verfüttern. Das mag etwas irre klingen, es blieb mir jedoch keine andere Wahl. Mit der Größe des Loches schien auch sein Appetit zuzunehmen. Und seine Macht über mich.

Da in der Wohnung und in der näheren Umgebung bald alles verschwunden war, was ich irgendwie ins Schlafzimmer tragen konnte, wurden die Wege länger. Das Fahrrad hatte ich im Loch versenkt, so wanderte ich zu Fuß durch die Stadt, durch die Dörfer der Umgebung, um immer mehr Zeugs anzuschleppen. Und je weiter ich mich auf diesen Touren entfernte, desto weniger schlimm schien ich von dem Zwang besessen zu sein. Wenn ich weit genug weg war, wurde aus dem Zwang ein Drang, aus dem Drang ein Wunsch, ein Bedürfnis. Doch das Loch wuchs ständig. Das Bett, das neben ihm gestanden hat, war schon längst verschlungen. Es war nur eine Frage der Zeit, bis mein Schlafzimmer zu klein sein, bis die Mauern hineinkippen und verschwinden würden. Danach käme der Rest der Wohnung, der Rest des Hauses, der Stadt, der Welt an die Reihe. Mir wurde klar, dass es so nicht weitergehen konnte. Auch wenn es mir schwerfiel, ich nahm mir vor, nur noch wenig Zeug hineinzuwerfen. Morgens eine

Einkaufstüte voll und abends eine zweite. Mehr nicht. Leider verflüchtigte sich dieser Vorsatz, sobald ich mich wieder dem schwarzen Loch näherte.

Und das wuchs und wuchs.

An einem milden Morgen im Herbst schob ich einen Kinderwagen durch eine Kleingartenkolonie. Den Wagen hatte ich in der Woche zuvor gefunden. Ein echter Glücksfund. Nun brauchte ich all das Zeug, das ich sammelte, nicht mehr in Plastiktüten und in dem alten Bundeswehrrucksack heranzuschleppen. Im Wagen konnte ich während einer einzigen Tour so viel Zeug heranschaffen, für das ich sonst zwei oder drei Mal auf Wanderschaft gehen musste. Ich schob ihn einen gepflegten Kiesweg entlang und aß Äpfel, die freundliche Kleingärtner in Kartons an den Weg gestellt hatten. So ließen die braven Leute jeden, der vorüberkam, an dem Ernteüberschuss teilhaben. Ich war schon lange darauf angewiesen zu essen, was ich zufällig auf den Wanderungen an Wegesrändern fand. Zeit, um mir vernünftige Nahrung zu besorgen, hatte ich nicht. Das Loch war mächtig gewachsen, und mit ihm sein Appetit.

Ich stopfte gerade einen Haufen Laub in den Wagen, als mir ein merkwürdiger Typ auffiel. Nicht weit entfernt, halb von einer Hecke verdeckt, stand ein Mann in einem langen Mantel und sah zu mir. Seinen Hut trug er tief ins Gesicht gezogen und die Augen waren hinter einer dunklen Brille verborgen. Kurz stutzte ich, dann konzentrierte ich mich wieder auf das Wesentliche. Auf das Herbstlaub packte ich ein Bündel Strauchschnitt. Als ich erneut zur Hecke sah, war die merkwürdige Gestalt verschwunden.

Am Nachmittag plünderte ich einen Altkleidercontainer. Es war mir gelungen, die hintere Wand aufzubrechen und nun schaufelte ich munter Textilien in den Kinderwagen. Zwischen den Jacken, Hosen und alten T-Shirts fand ich ein paar abgetretene Schuhe. Ich musste seit Wochen barfuß laufen, denn die alten Latschen hatte ich längst ins Loch geworfen. Ich probierte sie an. Sie waren zu klein, aber es würde gehen. Immerhin war es bald Winter und ich war es leid, mir die nackten Füße wundzulaufen. Ich zwängte mich hinein und ging probeweise einige Schritte hin und her. Die Schuhe würden sich schon noch ausdehnen. Besser die, als gar keine.

Ich wollte mich erneut an die Arbeit machen, da sah ich wieder diesen sonderbaren Kerl. Mit Hut, Mantel und dunkler Brille. Er drehte sich um und ging eilig fort. Er schien mir genauso uninteressant zu sein wie all die anderen Menschen, doch ich begegnete ihm dauernd wieder. Mal sah er um eine Hausecke zu mir rüber, mal lugte er hinter einem parkenden Auto hervor. Bald war ich mir sicher: Der geheimnisvolle Fremde verfolgte mich. Doch für so einen Blödsinn hatte ich keine Zeit. Ich musste Zeug heranschleppen, Material für das schwarze Loch.

Eines Tages sprach er mich an.

»He, Sie da, darf ich Sie was fragen?«

Ich war es nicht gewohnt, angesprochen zu werden. Normalerweise mieden die Leute mich wie eine ansteckende Krankheit. Vermutlich war ich ihnen unheimlich. Seit ich dem Loch diente, hatte ich keinerlei Körperpflege mehr betrieben. Kopf- und Barthaare wucherten wild durcheinander. Manchmal bewegten sich kleine Tiere darin. Meine Kleidung stank entsetzlich. Ich selber wahrscheinlich auch.

»Hallo, Sie da, ich rede mit Ihnen!« Jetzt klang er schon etwas unhöflicher.

Ich gab ihm keine Antwort, denn ich war mir unsicher, ob meine Stimme noch funktionierte. Seit langem redete ich nur noch mit mir selber oder mit dem Loch. Und ich hatte keine Zeit. Der Kinderwagen war nicht einmal bis zur

Hälfte gefüllt. Die Anziehungskraft zog unermüdlich an mir. Ich musste gehen.

Ein Motor heulte auf, ein dunkles Fahrzeug raste auf mich zu und kam dicht neben mir zu stehen. Beinahe gleichzeitig griff eine starke Hand von hinten mein Genick, die Arme drehte man mir auf den Rücken und ich wurde in das Auto geschoben, gedrängt. Aus dem Augenwinkel heraus konnte ich noch sehen, wie all mein Zeug, das Material, achtlos in den Graben gestoßen wurde. Und ich sah, dass es nicht nur ein Mann, sondern mehrere waren. Sie alle trugen Hüte, lange Mäntel und diese albernen Sonnenbrillen. Ich war zu schwach, um mich zu wehren. Zu hungrig, zu müde, zu kraftlos. Zunächst wurde ich mit dem Auto zu einem kleinen Flugplatz gebracht, von dort setzte ich die unfreiwillige Reise in einem Flieger fort. Unterwegs schlief ich immer wieder vor Erschöpfung ein. Wenn ich aufwachte, wurden mir belegte Brötchen und Limonade gereicht. Noch nie zuvor schmeckte mir etwas so gut. Ich hatte ganz vergessen, wie köstlich und süß, wie aromatisch und wunderbar Limo schmeckt und im Hals prickelt. Ich hatte ganz vergessen, dass Käse- oder Wurstbrötchen existierten. Zu meiner allergrößten Entzückung waren die knusprigen Brötchenhälften auch noch mit hauchdünnen Gurkenscheiben und frischen Salatblättern garniert. Ein Festessen, nach dem ich mich unbekümmert und sorglos in einen tiefen Schlaf fallen lassen konnte.

Je weiter ich reiste, umso wohler fühlte ich mich. Das schwarze Loch verlor allmählich seine Anziehungskraft. Der Drang, die übermächtige Verpflichtung, es mit Zeug zu versorgen, schmolz mit jedem Kilometer dahin.

Nach einer langen Reise brachte man mich in einem Bungalow unter. Er war komfortabel eingerichtet. Ein weiches Bett, eine Küche und ein bequemes Sofa vor einem großen Fernseher. Über die Terrasse konnte ich in einen hübsch angelegten Garten gelangen, der von hohen Mauern umgeben war. Zusätzlich waren diese mit Nato-Draht gesichert. Weder von der einen noch von der anderen Seite hätte jemand diese Mauer überwinden können. Aber ich verschwendete gar keinen Gedanken daran, diesem Paradies zu entfliehen. Es war so lange her, dass ich auf richtigen Möbeln saß, dass ich einen Abend vor der Glotze verbringen konnte. Mir stand sogar eine Musikanlage zu Verfügung. Und eine hervorragend sortierte Sammlung von Jazzmusik. Aber das Schönste war, dass ich von der furchtbaren Pflicht befreit war, dem schwarzen

Loch zu dienen. Es war wunderbar. Die Herren mit den dunklen Brillen versorgten mich mit allem, was ich brauchte. Bloß redeten sie nicht mit mir. Wenn ich sie fragte, wo ich sei, schüttelten sie nur die Köpfe und sagten: »Das darf ich Ihnen leider nicht sagen.«

Wenn ich sie fragte, wer sie denn seien, gaben sie mir die gleiche Antwort. Doch als ich um einen Friseur bat, kam er bald und machte wieder einen zivilisierten Menschen aus mir.

Körperlich und geistig erholte ich mich allmählich. Ich aß und schlief viel. Ich duschte und rasierte mich täglich. Manchmal sogar mehrmals. Das tat mir gut. Obwohl ich meinen Entführern ausgeliefert war, fühlte ich mich frei wie noch nie.

Eines Tages klopfte es an der Tür. Als ich öffnete, stand eine Frau vor mir und fragte höflich, ob sie hereinkommen dürfe.

Es tat gut, jemanden vor mir zu haben, der seine Augen nicht hinter einer dunklen Brille verbarg, jemand, der von sich aus mit mir sprach. Ich führte sie in das Wohnzimmer und bot an, einen Kaffee zu kochen.

»Nein danke, aber wenn Sie ein Glas Wasser für mich hätten?«

Eilig holte ich Gläser aus der Küche. Beim Eingießen zitterten mir die Hände. Vielleicht würde ich jetzt erfahren, was eigentlich los war.

»Haben Sie sich gut erholt?«

Ich nickte.

»MeinNameistPetrow«,stelltesiesichvor,»Professor Petrow.«

Ich trank einen Schluck Wasser und wartete, dass sie weitersprach.

»Ich bin die wissenschaftliche Leiterin der Mission.«

Was hätte ich darauf erwidern sollen?

»Vermutlich möchten Sie erfahren, wieso wir Sie hierher gebracht haben?«

So eine dumme Frage, natürlich wollte ich das erfahren. Ich nickte abwartend.

»Routinemäßige Prüfungen der terrestrialen Gravitation zeigten Unregelmäßigkeiten in Ihrem Wohngebiet auf. Zunächst hielten wir sie für Messfehler, denn die physikalischen Werte waren einfach nicht möglich. Diese absurden Messergebnisse sind jedoch auch von den Kolleginnen auf internationaler Ebene erfasst worden, so blieb uns keine Wahl, als uns mit diesem Mysterium näher zu befassen. Da mein Institut und ich mit namhaften Fachleuten der wissenschaftlichen Welt zusammenarbeiteten, kamen wir zu dem Schluss, dass das Unmögliche wahr sein musste: Wir hatten es mit einem schwarzen Loch zu tun. Und das in unserer Galaxie! Auf unserem Planeten!«

Die Professorin wechselte nun von der kalten, sachlichen Stimmlage zu einer, als würde sie mit einem Idioten reden: »Haben Sie eine Ahnung, was das bedeutet? Dieses physikalische Phänomen in unserer unmittelbaren Nähe?«

Ich lächelte sie hilflos an und zuckte mit den Schultern.

»Ein sogenanntes schwarzes Loch ist ein Objekt mit extrem hoher Gravitation, mit einer so gewaltigen Schwerkraft, dass aus seinem Einzugsbereich keinerlei Materie, nicht einmal ein Lichtsignal entweichen kann. Verstehen Sie, was das bedeutet? Die vom schwarzen Loch ausgehende Energie zieht alles Material in dem Wirkungsfeld an. Und die zusätzliche Materie erhöht wiederum diese Anziehungskraft – ein Teufelskreis.«

»Tja, nun, wenn Sie das sagen.«

»Nicht nur Sie befanden sich in hoher Lebensgefahr, sondern die gesamte Zivilisation, das Universum stand unmittelbar vor dem Ende.« Die Professorin nahm einen Schluck Wasser und atmete tief durch. »Jedenfalls, worauf ich eigentlich hinauswill: Wir mussten aktiv werden. Zum Glück konnte die wissenschaftliche Welt die politische davon überzeugen, dass es nur eine Überlebenschance gab, wenn wir an diesem Punkt miteinander kooperierten. Die Geheimdienste der bedeutenden Weltmächte riefen eine gemeinsame Sonderkommission ins Leben und die wissenschaftliche Weltelite wurde hinzugezogen.«

»Und das sind Sie?«

»Was?«

»Na, die wissenschaftliche Weltelite?« Frau Petrow wurde rot und fuhr eilig fort: »Jedenfalls haben wir die Gegend mit den auffälligen Messwerten beobachtet, bis wir auf Sie gestoßen sind. Aus Ihrem Verhalten konnten wir einige Schlüsse ziehen. Es war offensichtlich, dass das schwarze Loch auch auf Ihre Gehirnleistung gewisse Auswirkungen hatte. Uns war schnell klar, dass wir Sie aus der gravitativen Gefahrenzone herausbringen mussten. Daher die Entführung. Wir hatten keine andere Möglichkeit.«

»Und wie geht das jetzt weiter?«

»Das eigentliche Problem ist bereits gelöst.«

»Versteh ich nicht.«

»Wir haben das schwarze Loch eliminiert.«

»Wie das denn?«

»Ja, wir haben uns auch lange gefragt, wie das zu bewerkstelligen sei. Sie dürfen dabei nicht vergessen, es gibt keinerlei Erfahrungswerte auf diesem Gebiet. Und wir durften uns keinen Fehler erlauben. Das wäre das Ende – von allem. Um Ihnen zu erläutern, wie wir vorgegangen sind, müssen wir uns daran erinnern, womit wir es zu tun hatten. In der Physik gehen wir davon aus, dass jedes existierende Objekt Gravitationskräfte hat. Das heißt, wenn seine Masse auf ein genügend kleines Volumen begrenzt ist, hält sich der Körper von alleine zusammen. Er komprimiert sich gewissermaßen selber. Nun kommen die Gegenkräfte im Inneren der Materie zum Zuge und federn die Kompression ab, bringen sie zum Stillstand. Es entsteht ein Gleichgewicht zwischen Gravitation und den Gegenkräften. Wird jedoch dieses Gleichgewicht gestört, reichen die Gegenkräfte unter Umständen nicht mehr aus, die Gravitation zu kompensieren. Es kommt zum Kollaps. Die Masse fällt auf ein winziges Volumen zusammen, die Anziehungskraft erhöht sich, und zieht immer weitere Materie an. Die Dichte im Kern steigt bis ins Unermessliche, was wiederum die Gravitation verstärkt. Ein unumkehrbarer Prozess, ein unaufhaltsamer Prozess …«

»Ja ja«, unterbrach ich Frau Petrow, »aber wie konnten Sie denn dieses unlösbare Problem lösen?«

Ein stolzes Lächeln zog über ihr Gesicht.

»Nun ja, wir haben erkannt, dass es tatsächlich eine Möglichkeit gibt, den unaufhaltsamen Prozess aufzuhalten.«

»Nämlich?«

»Wenn zu viel Materie auf zu engem Raum zusammengepresst wird, wie es bei einem schwarzen Loch der Fall ist, entsteht eine zu hohe Dichte. Wir mussten diese Dichte verringern, um zurück an den kritischen Punkt zu gelangen, an dem die Gravitation und die Gegenkräfte aus dem Gleichgewicht geraten sind. Also war es erforderlich, das Volumen zu vergrößern oder dem Kern Substanz zu entnehmen. Beides scheint auf den ersten Blick unmöglich.« Frau Professorin Petrow legte eine dramaturgische Pause ein und fuhr fort: »Wenn wir Antimaterie dort einbringen, neutralisiert diese einen Teil der Materie, was die relative Dichte verringert, was wiederum das schwarze Loch neutralisiert und damit auflöst.«

»Und da sind Sie mal eben zum Supermarkt an der Ecke gegangen, haben zwei Kilo Antimaterie besorgt und das Ding ausgeschaltet.«

»Nun ja, mit zwei Kilo sind wir nicht ganz hingekommen, doch im Prinzip ist es so gewesen. Bloß war es kein Supermarkt, sondern die Rüstungslabors der Weltmächte. Und sehen

Sie, da kommen wir zum nächsten Punkt meines Anliegens.«

»Der wäre?«

»Können Sie sich vorstellen, was geschehen würde, wenn diese Angelegenheit an die Öffentlichkeit käme? Nicht nur, dass ein schwarzes Loch beinahe alles Denkbare verschluckt hätte, nein, auch die Tatsache, dass in den Rüstungslabors der Welt schon seit Jahren mit Antimaterie herumexperimentiert wird, dürfte weltweit für Unruhe sorgen.«

»Und was hat das mit mir zu tun?«

»Ganz einfach. Wir haben das Loch ausgeschaltet. Dabei wurde ihre ... ähem ... Wohnung zerstört. Mit viel Mühe haben wir sie wieder herrichten lassen. Ihr Zuhause befindet sich heute in einem tadellosen Zustand. Sie können sich hier in aller Ruhe vollständig erholen und dann heimreisen, als sei nichts geschehen. Bloß müssen Sie über diese Angelegenheit strengstes Stillschweigen bewahren. Kein Wort zu irgendwem!«

Ich hatte nicht den Mut, mich dem zu widersetzen. Zu stark, zu übermächtig schien mir Frau Petrow, die doch die Weltmächte mit der geballten Macht der internationalen Geheimdienste hinter sich stehen hatte. Also versprach ich zu schweigen. Was hätte ich denn sonst tun sollen?

Endlich bin ich zu Hause. In meinem neuen alten Zuhause. Nach so langer Zeit wieder daheim.

Die Leute von Professor Petrow hatten ganze Arbeit geleistet: Vom schwarzen Loch ist nichts geblieben. Alles sieht fast aus wie damals, bevor die Sache losging. In einigen Zeitungen konnte ich noch Berichte über eine große Explosion in meinem Wohnblock finden. Zum Glück sei niemand zu Schaden gekommen, hieß es dort. Die Bevölkerung konnte evakuiert werden, bevor ein unterirdisches Waffenlager aus dem Zweiten Weltkrieg in die Luft geflogen sei, als Sprengstoffexperten es räumen wollten.

Ich sitze auf einem Sofa an der gleichen Stelle, wo früher das alte stand. Auf den Knien balanciere ich meinen neuen Laptop. Die Geschichte von dem geheimen Waffendepot finde ich lächerlich. Allerdings gebe ich zu, dass die Männer mit den dunklen Brillen gute Arbeit geleistet haben: Das Internet ist voll mit Berichten über das gigantische Waffenlager der Nazis. Ich bin der Einzige, der die Wahrheit kennt. Dabei hat die Menschheit doch ein Recht darauf, alles zu erfahren.

Mich an die Presse zu wenden und vom schwarzen Loch zu erzählen, wage ich nicht. Petrow und ihre Leute würden nicht dulden, dass ich ihr Kartenhaus aus Lügen einstürzen lasse. Und sie würden nicht zögern, mich mit drastischen Mitteln zum Schweigen zu bringen. Außerdem würden mich sowieso alle für völlig verrückt halten. Für einen verrückten Geschichtenerzähler. Ich fange an zu tippen.

Ich denke mir Geschichten aus, unglaubwürdige Geschichten, und tue so, als hätten sie mit der Realität nichts zu tun. Geschichten über Zwerge und nordische Götter, über magische Plätzchen, über lebendige Porzellanelfen und über eine tanzende Kuh. Und schließlich schreibe ich: »Als ich morgens aufstehen wollte, fand ich ein schwarzes Loch vor meinem Bett. Beinahe wäre ich hineingetreten …«

Der Bösewicht

Wer ihn kannte, hielt den Wolf für bösartig. Für verrückt und bösartig. Und er selber musste zugeben, dass er genau das auch war. Verrückt und bösartig. So war er nicht immer gewesen. Früher, ganz früher war er sogar richtig nett. Naja, vielleicht nicht richtig nett. Aber fast ein bisschen. Als er ein junger Bursche war, als er noch nicht all den billigen Fusel soff und ihm die verdammte Stimme in seinem Schädel vorschrieb, was er zu tun und zu lassen hatte. Ja, früher war er vielleicht ein bisschen nett gewesen. Da hatten ihn die Leute auch nicht bloß »den Wolf« genannt, nee, da hatte er einen richtigen Vornamen gehabt.

Heute war das anders. Kumpel hatte er schon lange nicht mehr. Wenn doch mal jemand versuchte, sich mit ihm anzufreunden, nutzte der Wolf meistens die nächste Gelegenheit, den Trottel zu beklauen. Da konnte er nichts für. Er konnte gar nicht anders. Denn immer, wenn jemand freundlich zu ihm war, meldete sich diese

Stimme zu Wort. Erst flüsterte sie nur: »Na sieh dir mal den Penner an.« Oder »Der Typ hat ’ne Pulle Wodka. Greif sie dir und hau ab.« Wenn der Wolf nicht darauf hörte, wurde die Stimme lauter und schrillte: »Na, los, knall ihm eine rein und greif dir die Pulle!« So war es kein Wunder, dass der Wicht in seinem Kopf bald das einzige Wesen auf der Welt war, das bei ihm blieb.

Er saß im Wohnzimmer und trank billigen Fusel. Den hatte er ehrlich bezahlt. Wie ein feiner Pinkel. Schnaps ließ sich nicht so einfach klauen. Wenn der Wolf um die Häuser strich, passten die Kaufleute der Stadt gut auf. Also musste er sich auf das Sammeln von Pfandflaschen verlegen. Oder es gelang ihm, einer Oma die Handtasche abzuziehen. So wie heute. Eigentlich hat er sie in Ruhe lassen wollen, die Alte. Er hatte sowieso schon ’ne Menge Pfandgeld eingesammelt, aber die Stimme in seinem Kopf …

»Na los, du Pfeife, pflück es dir, das Täschchen!«

Er wollte es wirklich nicht tun. Die Dame gefiel ihm. Doch der Bösewicht ließ einfach nicht locker. Also griff er sich das Teil. Die Oma schrie wie am Spieß, krallte sich an der Handtasche fest. Der Gnom johlte dazu und hatte seine wahre Freude. Schließlich war es dem Wolf zu blöde, er gab der Alten einen kräftigen Schubs. Sie konnte weder sich noch die Tasche halten, knallte auf das Pflaster und kreischte. Da ist er abgezischt und der Bösewicht feuerte ihn an: »Ho! Ho! Ho!«

Und nun saß der Wolf in seinem Wohnzimmer und trank aus der ehrlich bezahlten Flasche. Streng genommen war es gar kein Wohnzimmer. Er nannte es bloß so. Jedenfalls im Sommer. Es war einfach eine alte Zeltplane, die er an die Rückseite einer Schuppenwand auf dem stillgelegten Güterbahnhof aufgespannt hatte.

In der ersten Zeit, nachdem er sich sein Lager aufgebaut hatte, lungerten in der Gegend noch ein paar Penner rum. Der Wolf hätte sich gerne mit ihnen angefreundet, doch der Bösewicht wollte das nicht. »Auf die Fresse!«, kreischte er. Also gab der Wolf einem was auf die Fresse. »Stech es ab, das Schwein!« Also zog der Wolf sein Messer und der Penner zischte ab wie 'ne Rakete. Der hat sich nie wieder sehen lassen.

Nun war es sein Wohnzimmer. Sein Revier. Bei den Pennern hatte es sich wohl rumgesprochen, dass man zu ihm besser Abstand hielt. Nur selten verlief sich noch einer von ihnen hierher. Und wenn doch, war dieser in der Regel froh, wenn er mit dem Leben und nur leicht verletzt davonkam.

Am nächsten Tag zog es den Wolf wieder in die Stadt. Vom Oma-Geld kaufte er vier Pullen Dröhnung. Und trotzdem waren noch ein paar Scheine übrig. Unglaublich, wie viel Kohle die Alte spazieren getragen hatte. Nun wollte er was zum Beißen holen. Wieso auch nicht. Er war ja quasi reich. Er konnte sich Wodka und Würstchen leisten. Bald saß er auf einer Bank und aß kalte Wurst aus der Dose.

Ein Hund gesellte sich zu ihm, setzte sich auf den Gehweg und sah ihn mit flehenden Augen an. Er gefiel dem Wolf, den hätte er gerne als Freund und Gefährten an seiner Seite. »Hallo, Kleiner.« Er hielt einen Wurstzipfel in die Höhe. Das Hündchen ließ die Zunge heraushängen, hechelte gierig und stellte sich auf die Hinterpfoten, um dem Leckerbissen näherzukommen. Der Wolf lächelte, dann schweifte sein Blick ab und er sah auf die Straße, auf der Autos hin und her rasten.

»Na los!«, forderte der Bösewicht. »Worauf wartest du? Tu es!«

»Ach nein.«

»Tu es! JETZT!«

Und da warf er den Wurstzipfel auf die Fahrbahn. Das gierige Hündchen rannte hinterher, Reifen quietschten auf dem Asphalt, Hupen ertönten und das Tier lief erschreckt davon. Der Bösewicht kreischte vor Lachen.

Als der Verkehr wieder floss, bemerkte der Wolf eine alte Frau, die ihn missbilligend anschaute. Kauend sah er, wie sie auf ihn zukam. Am Kopf trug sie einen Verband und am eingegipsten Arm hing eine nagelneue Handtasche. Als er die Dame erkannte, vergaß er beinahe weiter zu kauen. Es war die Oma, die ihm gestern den Schnaps spendiert hatte. Direkt vor ihm blieb sie stehen. »Das war aber nicht nett von Ihnen, das arme Hundchen.«

Der Wolf starrte die Alte überrascht an.

»Ein kleiner Schubs nur und sie liegt auf der Straße«, zischte die Stimme in seinem Kopf.

»Das arme Hundchen«, wiederholte die Dame vorwurfsvoll.

Wenn sie gezetert oder geschimpft hätte … aber so. Er antwortete nicht, schaute sie nur mit offenem Mund an.

»Es war ja schon schlimm, was Sie mir gestern angetan haben …«

»Na los, ein kleiner Schubs!«

»… aber dass Sie jetzt auch dem Hundchen etwas Böses wollen. Es kann sich doch nicht wehren, das arme Tierchen.«

»Na los!«, kreischte der Bösewicht. »Nur ein Schubs!«

Der Wolf schluckte die zerkaute Wurst runter. »Halt die Klappe!«, fuhr er ihn unfreundlich an.

»Dabei haben Sie doch im Grunde ein gutes Herz, nicht wahr? Das sehe ich Ihnen an. Sie brauchen sich nur daran zu erinnern.«

»Die Alte nervt. Gib ihr was auf die Fresse!«

Der Wolf schob wortlos den letzten Zipfel Wurst in den Mund.

Die Dame sah ihm ins Gesicht, sie schien eine Antwort zu erwarten. Da er aber nur weiter kaute, drehte sie sich um und tippelte kopfschüttelnd davon.

»Ey, die haut ab, pflück dir die Tasche, du Pfeife!«, befahl der Bösewicht mit schriller Stimme.

Der Wolf sah ihr nach. In diesem Moment sprang der Gnom aus seinem Schädel, preschte der Alten hinterher und klammerte sich kreischend an die Tasche.

Wolfgang sah den hässlichen Wicht nun zum ersten Mal. Bislang kannte er nur seine fiese Stimme.

Gänzlich unbeeindruckt vom Gekreische spazierte die Dame in aller Ruhe den Gehweg entlang. Das zeternde Etwas an der Tasche schien sie gar nicht zu bemerken. Auch sonst nahm niemand Notiz von dem Troll, niemand außer Wolfgang schien ihn wahrzunehmen. Schließlich gab der Bösewicht den Angriff auf, ließ sich hilflos auf das Pflaster plumpsen und blieb dort sitzen. Er sah zu Wolfgang. Da schien ihm etwas einzufallen, er sprang auf und raste auf ihn zu.

»Lass mich wieder rein!«, rief er und versuchte einzudringen. Doch Wolfgang wehrte ihn geschickt ab. Mehrmals sprang der Wicht gegen seine Stirn, um immer wieder abzuprallen.

Wolfgang stieß ihn entschieden von sich, stand auf, reckte sich und schlenderte zufrieden davon. Endlich war er frei.

Der Bösewicht blieb auf dem Gehweg sitzend zurück. Allein und traurig und verstoßen.

Stillstand

1

Plötzlich ist es still. Geräuschlosigkeit klebt summend im Raum. Die Frau mit dem großen Busen neben mir hat den Mund hysterisch aufgerissen. In ihren Augen – das blanke Entsetzen. Jede Bewegung – erstarrt.

Das Pärchen mit dem Kleinkind vor mir kreischte gerade noch in dreistimmiger Panik. Das heillose Schreien, das ungebremst aus hundert Kehlen von überallher kam – es ist verstummt.

»Hallo?«, rufe ich vorsichtig in die Ruhe. »Was geht hier vor?«

Da ich keine Antwort erhalte, frage ich: »Ist jemand da? Kann mich irgendwer hören?«

Ich löse den Sicherheitsgurt und drücke mich an meiner Sitznachbarin vorbei. Kurz gerate ich ins Straucheln. Das Flugzeug befindet sich in einer Schräglage. Fast wäre ich den Gang hinuntergerutscht, bis ans Ende. Genauer gesagt, bis nach vorne, denn die Schnauze des Fliegers ist abwärts geneigt.

An der Lehne vor mir finde ich Halt und sehe mich um. Die Regungslosigkeit füllt auf eine unglaubwürdige Art den Raum aus.

Ich schaue in die andere Richtung, in den hinteren Teil der Boeing. Alle Passagiere haben, ebenso wie die Frau mit dem großen Busen, Augen und Münder panisch aufgerissen. Eben schrillte in der Luft angstvolles Geschrei. Und nun eine allmächtige, kaum zu ertragende Lautlosigkeit. Mir wird langsam bewusst, dass es nicht die Stille ist, die da summt. Die kann doch kein Geräusch erzeugen, fällt mir ein. Wahrscheinlich hat mein Gehirn noch nicht begriffen, dass die laute Welt so abrupt verstummen kann. Vermutlich vibriert der Hörnerv im Echo des Lärms und gaukelt mir auf diese Weise ein Summen vor.

Ich wundere mich kurz, dass ich mir über so einen Blödsinn Gedanken mache.

Gerade schrie ich mit den anderen Passagieren um mein Leben. Nun schweige ich mit ihnen. Der Chor der Apokalypse ist verstummt. Ich sehe in die Gesichter. Aus jedem strahlt dieselbe Todesangst, dasselbe Entsetzen. Die fischartig klaffenden Münder und die geweiteten Augen gleichen einander. Mir wird klar, dass ich eben noch einer von ihnen war. Genau wie sie war ich vollkommen von Todesfurcht erfüllt, genau wie sie habe ich verzweifelt versucht, meine Panik herauszuschreien.

Und jetzt? Meine Lippen sind verschlossen. Die Atmung geht ruhig. Der Drang, den Horror herauszuschreien, ist verschwunden. Überrascht stelle ich fest, dass ich mich nicht fürchte. Das Entsetzen ist einer Ratlosigkeit gewichen.

Ich mustere einzelne Gesichter. Niemand rührt sich. Alle schweigen. Eingefroren. Bewegungslos. Regungslos.

Zwei Sitzreihen hinter mir entdecke ich den Herrn, der mir noch vor dem Start mit einem lockeren Spruch die Flugangst vertreiben wollte. Ich sehe, wie die Hände sich ineinander, wie zum Gebet, zum Stoßgebet, verkrampfen. Und ich denke daran, dass irgendjemand sagte, in einem abstürzenden Flugzeug gäbe es keine Atheisten.

Neben dem Alten sitzt eine Frau, vermutlich seine Frau. Ich erinnere mich, sie schon am Terminal bei ihm gesehen zu haben. Jetzt ist sie eine der wenigen mit geschlossenem Mund. Sie beißt auf ihre Unterlippe. So fest, dass etwas Blut herausgetreten ist. Die roten Tropfen bleiben reglos hängen.

Ich klettere aufwärts. All die wachsfigurenartigen Gesichter mag ich nicht mehr sehen. Mir ist übel. Hastig arbeite ich mich bis in die letzte Reihe hoch. Dort endlich angekommen suche ich Zuflucht auf einen Sitz neben dem Gang. Ich versuche, mich zu setzen, doch das Flugzeug ist mit dem Bug nach unten geneigt. So kann ich nicht sitzen. Ich muss meinen Körper mit den Armen an der Lehne vor mir abstützen und rutsche trotzdem von dem Polster. Schließlich lege ich den Rücken auf die Sitzrückseite vor mir. Die angewinkelten Knie finden Platz auf der Sitzfläche, die ich zuerst dem Hintern anbieten wollte. Das ist zwar unbequem, lässt sich aber aushalten. Ich starre die Rückwand des Passagierraumes an. Habe endlich keine Gesichter mehr im Blickfeld.

Heute Morgen war die Welt noch in Ordnung. Ohne besondere Vorkommnisse. Die Zeit tickerte dahin wie seit Menschengedenken. Ich bin zum Flugplatz gefahren und habe eingecheckt. Die Aufregung hielt sich in Grenzen. Es gelang mir, meine leichte Flugangst zu beherrschen. Als der Flieger beschleunigte und mit mir in den Himmel schoss, war ich beinah entspannt.

Ich freute mich auf das Wiedersehen mit Frau und Tochter. Als wir das letzte Mal zusammen vereisten, war Sophie noch klein, jetzt ist sie erwachsen. Fremde siezen meine Tochter inzwischen. Es ist lange her, dass sie sich über buntes Plastikspielzeug freute und ich sie in den Schlaf wiegen durfte. Viel Zeit ist vergangen, seit sie Märchen lauschte oder mit staunenden Augen die Wunder der Welt entdeckte. Seit ich mich traute, ihr vorzusingen, obwohl ich der schlechteste Sänger der Menschheit bin.

Mein Urlaub wurde von der Firma verschoben, so mussten wir getrennt reisen. Ich habe meine Frau regelrecht überredet, schon vorab mit Sophie zu fliegen. Sie hatte die Tage mit unserer Tochter so herbeigesehnt. Da sollte sie jede Minute auskosten, genießen. Doch jetzt wünschte ich einfach, sie wäre bei mir.

Schlagartig schießt mir ein entsetzlicher Gedanke durch den Kopf: Wenn sie hier wäre, wäre sie ebenso erstarrt.

Nun ich bin froh, dass sie nicht hier ist. Den Anblick könnte ich nicht ertragen.

2

Vor dem Fenster erkenne ich Nebelschleier und Wolkenfetzen. Sie stehen so starr und unbeweglich am Himmel, wie die panischen Wachsfiguren im Inneren der Boeing.

Erstaunlich, dass so wenige Passagiere an Bord sind. Es gibt viele freie Sitzplätze. Erstaunlich, dass ich das bemerke, dass ich mich darüber wundere. Aber völlig bedeutungslos. Ich lege die Wange an das Glas. Presse den Kopf seitlich gegen die Scheibe und blicke in die Flugrichtung. Nicht weit entfernt sehe ich eine massive Felswand. Wäre die Zeit nicht stehengeblieben, würde das Flugzeug am Granit zerschellen. Ich fühle, dass sich ein Lächeln, fast ein Grinsen in mein Gesicht schiebt. Was für ein Glück! Schon immer lief sie unaufhörlich voran und gerade jetzt, wenige Sekundenbruchteile vor der absoluten Katastrophe bleibt die Zeit stehen – einfach so.

Lange schaue ich nicht aus dem Fenster. Wozu auch? Dort passiert nichts.

Ich werfe einen Blick auf meine Armbanduhr. Sie zeigt Viertel nach elf. Der Sekundenzeiger weist bewegungslos auf die Zwei.

Stunden, Tage, Wochen müssten vergehen, doch sie tun es nicht. Es bleibt immer jetzt. Ich denke nicht mehr daran, was passieren würde, wenn die Zeit wieder anspränge. Ich denke nicht mehr daran, dass dann das Flugzeug endgültig abstürzen würde. Mit mir. An all das denke ich nicht, denn die Zeit steht, sie steht für immer. Es bleibt immer und immer jetzt.

Auf der anderen Seite des Ganges sitzt eine Mutter. Mit der linken Hand drückt sie krampfhaft den Kopf eines Kindes an ihren Körper. Ihre Augen sind vor Entsetzen geweitet. Mit der rechten hält sie sich den Mund zu. Ich vermute, sie unterdrückt einen Schrei, um das Kleine nicht weiter zu beunruhigen.

Von dem Kind ist nicht viel zu sehen. Es ist vielleicht sechs oder sieben Jahre alt. Während das Gesicht gegen die mütterliche Brust gequetscht wird, versucht die kleine Hand einen Teddy zu greifen. Das Stofftier steht in der Luft, wenige Zentimeter vor den suchenden Fingern.

Ich hocke eine Weile da und starre den Teddy an. Dieser Anblick erschüttert mich mehr, als die bewegungslose Mimik der Mutter. Ich liege auf der Rückseite des Sitzes und glotze gebannt auf das Kuscheltier.

Schweiß tritt mir auf die Stirn, obwohl mir doch kalt ist, meine Nackenhaare stellen sich auf. Ich sitze nur da und begaffe den Teddy. Das kann nicht mehr lange dauern, irgendwas wird geschehen. Der Plüschteddy kann unmöglich ewig in der Luft stehenbleiben, wenige Zentimeter vor der sehnsüchtigen Kinderhand.

Ich starre auf den Teddy und warte.

Doch es passiert nichts.

Die Zeit steht still.

Es passiert nichts.

3

Vor einer knappen Woche habe ich Nicole, meine Frau, zum Flughafen gebracht. Wie immer sind wir viel zu früh da gewesen.

»Hoffentlich kommt Sophie bald.«

»Sie wird schon kommen«, beruhigte ich sie.

»Stimmt, wollen wir noch einen Kaffee trinken?«

Wir gingen in das Airport-Café. Dort studierte sie kopfschüttelnd die Preise der angebotenen Kaffeespezialitäten. Ich zog den rechten Fuß aus dem Schuh und schob ihn unterm Tisch in ihr Hosenbein.

Sie lächelte kurz und vertiefte sich in die Preisliste. Mein Zeh streichelte ihre Wade.

»Ich würde gerne mit euch fliegen.«

Sie schenkte mir ihr umwerfendes Lächeln.

»Ja, das wäre schön.« Sie fuhr fort: »Rate, was ein Tee kostet, ein Kräutertee?«

Ich zog meinen Fuß heraus. »Na, schätzungsweise zehn Euro. Mindestens.«

»Nicht ganz, aber fast. Und das ist bestimmt Beuteltee.«

»Der Kaffee ist in Ordnung.«

»Ja, der ist o.k.«

Nicole sah sich um. »Jetzt könnte sie wirklich kommen.«

Von dem Café aus beobachteten wir die Wartehalle.

»Wir haben alle Zeit der Welt«, strahlte ich Zuversicht aus.

Am Gepäckschalter trafen wir Sophie endlich. Nach einer herzlichen Begrüßung tadelte ich sie scherzhaft: »Da bist du ja endlich, ich dachte schon, du hättest es dir anders überlegt. Fast hätte ich mitfliegen müssen.«

»Kommt nicht in Frage, Paps«, lachte sie mich an. »Heute fliegen wir Frauen, du gehst ja lieber arbeiten.«

Ich ahnte noch nicht, dass ich in diesem Moment ihr Lachen vielleicht zum letzten Mal hören sollte.

4

Bin ich erst heute zum Flugplatz gefahren, um meiner Frau und Tochter hinterherzufliegen? Mir kommt es vor, als seien Ewigkeiten vergangen, seit die Zeit einwandfrei funktionierte und unablässig weiter tickerte, als würde sich das niemals ändern können.

Ich steige über den Mittelgang hinweg zu dem Kind und seiner Mutter. Ohne zu wissen, was ich da tue, greife ich den Teddy und schiebe ihn behutsam in die kleine Hand zurück. Die Finger lassen sich widerstandslos zusammendrücken, sodass das Stofftier sicher gehalten wird.

Ich erinnere mich: Es war heute Morgen gewesen. Ich war zu früh am Flughafen. Wie in der Woche zuvor bin ich ins Airport-Café gegangen, um dort die Zeit totzuschlagen. Ich fühlte mich einsam ohne Nicole. Und ich war müde. Der Kaffee schmeckte mir diesmal nicht und ich war nervös.

Nach dem Einchecken bin ich im Wartebereich auf und ab gegangen, bis ein älterer Herr grinsend zu mir sagte: »Keine Panik, runter kommen sie alle.«

Ich versuchte ein Lächeln und murmelte: »Jaja, wird wohl so sein, fragt sich bloß wie!«

Der Fremde lachte.

Jetzt lacht er nicht mehr. Er krallt die knochigen Hände ineinander und neben ihm zerbeißt seine Frau ihre Lippe.

Als ich mich von ihnen abwende, fällt mein Blick auf den Teddy. Er schwebt wieder einige Zentimeter vor der offenen Hand in der Luft. Verärgert und verwirrt schiebe ich ihn dorthin zurück, wo er hingehört und hangele mich entschlossen den Gang hinunter zu dem älteren Ehepaar. Mit meinem Taschentuch wische ich der Frau die Bluttropfen ab und ziehe dem Mann die verkrampften Finger auseinander. Das funktioniert absolut problemlos. Ich klettere zu dem Kind und wundere mich fast gar nicht, dass der Teddy wieder in der Luft schwebt. Wenige Zentimeter vor der geöffneten Kinderhand.

Mein Schnupftuch ist blütenweiß, ich kann keine Blutspuren auf ihm entdecken. Trotzdem kehre ich zu dem Paar zurück, um nachzusehen.

Natürlich stehen die roten Tropfen erneut auf der Lippe. Und die Hände des Alten sind ineinander gekrallt.

Ratlos lege ich mich auf die Rückenlehne eines Sitzes. Ich stemme beide Knie in die Sitzfläche vor mir und warte darauf, dass etwas passiert.

Doch es passiert nichts. Bloß die Verwirrung legt sich ein wenig. Fast ist es so, als gewöhne ich mich langsam an die groteske Lage. Ich kann sogar wieder spüren, wie müde ich bin.

Im Laufe der Zeit, der Jahrhunderte, die nicht vergehen wollen, gewöhne ich mich an den Stillstand. Die Gewohnheit weicht der Langeweile, die Langeweile dem Stumpfsinn.

Ich befürchte schon lange nicht mehr, mit dem Flieger abzustürzen. Es bleibt immer jetzt, es bleibt immer kurz davor.

5

Ich schrecke aus einem unruhigen Schlaf. Kaum zu glauben, wie unbequem es ist, auf der Rückseite eines Sitzes zu liegen.

Obwohl ich scheinbar tief geschlafen habe, fühle ich mich nicht erholt. Ich bin noch genauso erschöpft wie zuvor. Ich recke und strecke mich. Es braucht ein Weilchen, bis meine Gelenke einigermaßen beweglich sind. Die Knie tun mir weh. Der Rücken auch.

Kurz massiere ich mir den Nacken und kehre zu dem Kind und seiner Mutter zurück. Der Teddy steht schwerelos in der Luft, als sei das ganz normal für ein blödes Spielzeug.

Ich schiebe ihn in die Hand des Besitzers. Mit leichtem Druck schließe ich die Finger um den Bärenbauch.

Jetzt lege ich mich entschlossen auf die Lauer. Ich hefte meinen Blick an das schwebende Ding. Ich werde dafür sorgen, dass dieses Kind den Bären behalten kann. Sobald ich sehe, wie es sein Spieltier verliert, sobald ich diesen kleinen Moment konkret mit meinen Augen erfasse, werde ich wissen, dass die Zeit wieder funktioniert. Da bin ich mir sicher.

Möglicherweise musste ich zwinkern. Oder ich habe doch kurz weggesehen. Jedenfalls steht das Stofftier erneut bewegungslos in der Luft. Direkt vor der offenen Hand.

Ohne nachzudenken, gebe ich ihn dem Kind zurück, schließe mit sanftem Druck die kleine Faust. Hartnäckig klebe ich den Blick auf den Teddybären. Ich bin entschlossen, diesmal durchzuhalten.

Mit einem Mal schwebt der Bär haltlos im Raum. Im freien Fall, der gar kein Fall, sondern absurde Bewegungslosigkeit ist.

Ich versuche es zehn- oder zwölfmal, doch wenn ich zwinkern muss oder kurz unkonzentriert bin, klebt das Stofftier erneut in dieser unnatürlichen Lage. Kein einziges Mal kann ich beobachten, wie die Kinderhand sich öffnet und den Teddy fallenlässt. Er steht einfach übergangslos im Raum.

Mir reicht es. Ich gebe auf. Enttäuscht klettere ich den Gang hinunter zu dem Ehepaar. Mit meinem Taschentuch wische ich das Blut von der Unterlippe. Obwohl ich genau weiß, wie sinnlos das ist.

Die beiden leisten mir Gesellschaft, während ich warte, ohne zu wissen worauf. Fast gewöhne ich mich daran. Ich sitze seit Ewigkeiten hier und es passiert nichts. Es bleibt immer jetzt. Hinter dem hochgeklappten Tisch steckt ein Buch. »Esther ermittelt«, lese ich den Titel laut. Ich habe keine Lust, mich mit einer Geschichte zu beschäftigen, die sich irgendwer ausgedacht hat, weil er nichts Besseres zu tun hatte. Da ertrage ich lieber die Langeweile. Wenn ich lesen wollte, dann von wirklichen Dingen. Einen Bericht über Buckelwale beispielsweise. Oder über die Kontinentalverschiebung. Jedenfalls etwas, das es tatsächlich gibt.

»Eine wissenschaftliche Abhandlung zum Lauf der Zeit«, fällt mir ein, »Das würde ich jetzt gerne lesen.«

Ich fühle mich ertappt. »Verdammt! Habe ich mit mir selber geredet?«

Ich halte mir den Mund zu und befürchte langsam, ein bisschen verrückt zu werden.

»Das ist der Schock«, versuche ich mich zu beruhigen.

Die Armbanduhr zeigt noch immer hartnäckig Viertel nach elf. Der Sekundenzeiger weist bewegungslos auf die Zwei.

»Zeit ist nur das, was man an der Uhr abliest.«

Hat das nicht Albert Einstein gesagt?

Ich muss mich beschäftigen, sonst werde ich irre. Mein Gehirn braucht Betätigung. Also, zurück zu Einstein. Der hat sich die berühmteste Formel der Welt ausgedacht: »$E = m \times c^2$.«

Was bedeutet das nochmal? Das E steht für Energie. Das m für Masse. Soviel weiß ich noch. Aber das c?

Die Relativitätstheorie. Alles ist relativ. Sogar die Zeit. Eine Minute auf dem Zahnarztstuhl kann endlos scheinen. Eine Stunde in netter Gesellschaft verfliegt in Windeseile.

Oder heiß die Formel: »$m2 = E + c^2$?«

Ich weiß es nicht mehr. Ist ja auch egal. Für was steht das c? Und wieso muss ich noch immer nicht zum Klo? Was den Harndrang angeht, kann es keine Rolle spielen, wie relativ alles ist. Immerhin sitze ich schon seit Ewigkeiten im Flugzeug.

Ich schaue aus dem Fenster. Irgendwann muss eine Rettungsmannschaft oder die Feuerwehr auftauchen. Die müssen doch was tun! Sie werden etwas tun. Sie werden kommen und mich hier rausholen.

Irgendwann.

Später.

Zu einem späteren Zeitpunkt.

Ich schmecke Blut. Meine Unterlippe schmerzt. Ohne es zu bemerken, habe ich sie zerbissen.

Ich warte, bis sie vergeht, die Zeit. Doch das tut sie nicht. Sie steht still. Wie die Armbanduhr.

»Ich sollte wieder nach dem Teddy sehen«, denke ich und klettere den Gang hinauf.

6

Unerträglicher Lärm zerschrillt mir die Gehörnerven. Panikgeschrei, heilloses Durcheinander. Ich gerate ins Straucheln, rutsche durch den Mittelgang.

Bevor ich verstehe, was vorgeht, kehrt die Stille zurück. Mit regloser Gewalt, in grotesker Bewegungslosigkeit, als sei sie nie fortgewesen.

Ich ziehe mich an einen Sitz hoch. Auf der Lehne ruhe ich aus, ich massiere mir die Stirn, versuche zur Besinnung zu kommen.

Es dauert ein wenig, bis ich begreife: Für einen winzigen Moment ist die Zeit weitergelaufen. Einfach so.

Es ist schlagartig kalt geworden. Mit dem Luftdruck stimmt was nicht. Es fühlt sich an, als würde das Gehirn gleich durch die Trommelfelle nach außen gepresst werden. Atmen fällt mir schwer. Ich kriege kaum Luft. Verwirrt betaste ich mein Gesicht. Über dem Mund fühle ich etwas Schmieriges. Ich sehe mir das klebrige Rot an den Fingerspitzen an. Mit dem blütenweißen Taschentuch tupfe ich behutsam das Blut ab.

Ich klettere zum Teddy-Kind.

»Es darf ihm nichts passiert sein«, flüstere ich. »Oh Gott, bitte mach, dass es gesund ist.«

»In einem abstürzenden Flugzeug gibt es keine Atheisten!« schießt es mir durch den Kopf und ich erreiche meinen Schützling.

Das Gesicht gräbt sich tiefer als zuvor in die weiche, mütterliche Geborgenheit. Die Kinderhand greift nicht mehr ins Leere, sondern umklammert die schützende Umarmung der Mutter. Der Teddy ist verschwunden, verloren.

Auch die Frau hat sich verändert. Die rechte Hand, die mit Entsetzen den Mund zuhielt, liegt sanft und behütend zwischen den Schulterblättern des Kindes. Ihr Blick ist teilnahmslos, resigniert. Fast als sei sie schon tot.

Aus der Nase läuft eine dünne rote Spur.

Was ist mit dem Pärchen geschehen?

Ich rutsche auf dem Hintern den Gang hinunter. Mit kleinen Trippelschritten drossele ich die Abfahrt. Von Sitzreihe zu Sitzreihe schlittere ich vorsichtig nach unten.

Bei den Alten angekommen, nehme ich meinen Platz ein. Verwirrt betrachte ich die beiden. Die Frau hält sich verzweifelt den Kopf und ihr Mund stößt einen stummen Schrei aus. Die Bluttropfen auf der Lippe sind verschmiert. Der Mann krallt noch immer die knochigen Finger ineinander. Das dünne, rote Rinnsal, das aus seiner Nase läuft, ist die einzige sichtbare Veränderung an ihm.

Mir ist kalt. Ich ziehe eine Wolldecke aus dem Gepäckfach und lege mich auf die Rückseite der Lehne.

Kurz ist die Zeit weitergelaufen. Einfach so. Der Lärm, das Gekreische der Leute, die Panik. All das war wieder da, wieder real. Umso mächtiger erscheint mir nun die Stille. Was soll ich tun?

Was kann ich tun?

Meine Uhr zeigt noch immer Viertel nach elf. Ich stutze. Bevor die Zeit für einen Moment ansprang, wies der Sekundenzeiger auf die Zwei? Jetzt hat er beinah die Drei erreicht. Es ist fünfzehn Minuten und vierzehn Sekunden nach elf. Was kann in vier mickrigen Sekunden geschehen? Wie lange braucht ein Flugzeug, um abzustürzen? Wo kommt die Kälte her?

Ich krieche zum Fenster, presse mein Gesicht an die Scheibe und schaue in Flugrichtung. Die massive Felswand ist erschreckend nahegekommen. Ich kann einzelne Felsbrocken, sogar ein paar Büsche erkennen.

Ich hoffe, dass die Zeit weiterhin stehenbleibt. Das tut sie auch. Sie rührt sich nicht mehr und ich versuche, sie totzuschlagen. Ich klettere hin und her, langweile mich und rede mit mir. Ich klatsche in die Hände, um etwas zu hören und singe mir Kinderlieder vor. Ich turne unbeholfen, um meinen Körper zu erwärmen. Ich versuche sogar, zu tanzen. Aber das geht natürlich nicht in dem schrägen Flugzeug.

Dass der Flieger gleich zerschellen wird, kann ich nicht glauben. Mir scheint es klar zu sein, dass die Zeit für immer stehen bleiben wird. Die Ewigkeit ist jetzt. Es gibt kein gleich und kein später. Auch wenn es unlogisch, unglaubwürdig erscheint. Die Kopfschmerzen und die Kälte scheinen hingegen real zu sein, die brauchen keine Zeit. Gelegentlich sehe ich auf die Armbanduhr, nur um zu sehen, dass alles bleibt, wie es ist. Es bleibt fünfzehn Minuten und vierzehn Sekunden nach elf. Stundenlang.

Tagelang.

Jahrelang.

Für immer.

7

Ich hocke frierend vor dem Notausstieg und studiere die Anweisungen. Die knappen Erklärungen werden durch Symbole ergänzt. Jetzt weiß ich, wie ich das Ding aufkriegen kann. Und ich weiß, dass sich eine Notrutsche automatisch entfalten wird. Dieser Ausweg ist jedoch nur für Unglücke gedacht, in denen das Flugzeug sicher auf der Erde steht und nicht freischwebend in der Zeit festhängt.

Ich schaue aus dem Fenster. Die Rutsche kann unmöglich die Entfernung zum Boden überbrücken. Ich würde mir den Hals und noch viel mehr brechen, wenn ich es wagen würde.

Also besuche ich die beiden Alten. Und die Mutter mit dem Kind. Ich klatsche in die Hände, erzähle mir Witze, führe mich auf wie ein debiler Idiot. Ich fange an, den Teddy zu suchen. Irgendwo muss er sein.

»In einem abstürzenden Flugzeug gibt es keine Atheisten. Aber es verschwinden auch keine Stofftiere«, behaupte ich und schaue unter jeden Sitz, in jede Ecke. In meinem Kopf setzt sich die Idee fest, dass die Zeit funktionieren wird, sobald das Kind den Bären in der Hand hält. Doch ich finde ihn nicht. Es bleibt Viertel nach elf und vierzehn Sekunden.

Für immer.

8

Der Stillstand explodiert. Ich werde durch das Flugzeug geschleudert. Die anderen Passagiere kreischen panisch. Ich klammere mich an eine Lehne und wünschte, ich wäre angeschnallt. Über den Sitzplätzen öffnen sich kleine Fächer und merkwürdige Teile, die an Bändern befestigt sind, fallen heraus.

Wieder ist es still. So aufdringlich still wie zuvor. Die Lautlosigkeit summt mir erneut in den Ohren. Ich möchte heulen, weinen, schreien.

Von der Decke baumeln Atemmasken herab, bewegungslos. Mir dröhnt der Schädel. Meine Nase blutet wie verrückt. Es ist kalt. Ich will nach Hause.

Oder endlich mit dem Flugzeug zerschellen.

Tränen vermischen sich mit dem Nasenblut. Ich klettere durch die Sitzreihen, besuche meine reglosen Freunde und bleibe doch allein.

Der Blick aus dem Fenster zeigt mir, dass die Schnauze des Fliegers dicht vor einer massiven Felsebene steht. Obwohl es so kalt ist, bricht mir der Schweiß aus. Wenn jetzt die Zeit anspränge, wäre ich vernichtet. Ich hangele mich zum Mittelgang und rutsche auf dem Hintern ganz nach vorne. Am vorderen Notausgang angekommen, löse ich die Verriegelung und stoße die Tür auf. Frische Luft flutet meine Lunge und mit Radau entfaltet sich die Notrutsche. Sie füllt sich automatisch mit Druckluft. Ohne zu zögern, springe ich auf das orange Ungetüm und schliddere dem steinigen Grund entgegen.

Und dann laufe ich. Das Gehirn nutze ich nicht. Das fängt erst an zu funktionieren, als ich stehenbleibe und mich umdrehe.

Die Rutsche ist verschwunden.

Die Tür ist verschlossen.

Die Zeit steht still.

Nach einem kurzen Zögern kehre ich zurück. Durch die Frontscheiben kann ich die erstarrten Gesichter der Piloten sehen. Es ist unheimlich. Hätte ich eine Walnuss dabei, könnte ich sie unter die Schnauze der Boeing klemmen. Stattdessen lege ich meine flache Hand zwischen Flugzeugstahl und Gebirgsfelsen. Zwischen Sturzflug und Aufprall.

Spränge die Zeit jetzt wieder an, würde mehr als nur die Hand zerquetscht werden. Ich ziehe sie aus dem Spalt und gehe fort.

Nachdem ich ein paar hundert Schritte über das Geröll gestolpert bin, setze ich mich auf einen Felsbrocken, stütze die Ellenbogen auf die Knie und warte darauf, dass die Zeit vergeht.

Hätte ich ein paar von den anderen retten können? Doch es ist zu spät. Die Zeit lässt sich nicht zurückdrehen. Ich kann nicht wieder in den Flieger hinein. Die Rutsche ist verschwunden. Der Ausgang fest verschlossen. Gleich wird die Maschine zerschellen. Ich kann nur noch auf die Katastrophe warten. Ich habe Zeit. Ich langweile mich nicht. Es weht kein Lüftchen und die Sonne scheint. Ich kann warten. Meinetwegen hundert Jahre. Wenn sie nicht vergehen, spielen Jahre keine Rolle. Ich warte und schaue mir das abstürzende Standbild an.

Wieder setzt Lärm ein, wieder springt die Zeit an. Mit einem gewaltigen Getöse kracht das Flugzeug gegen die Felsebene. Der Boden vibriert. Ein gleißender Feuerball wird von einer Explosion in den Himmel gespuckt. Metall fliegt durch die Luft.

Ich sitze auf dem Felsbrocken und sehe mir das Spektakel an, als hätte ich nichts damit zu tun. Ich zwinge mich, Mutter, das Kind mit dem Teddy und all die anderen zu vergessen.

Schwarzer, dicker Qualm zieht in den strahlend blauen Himmel. Geschrei ist nicht zu hören. Nur das Knistern der Flammen, die aus einzelnen Bruchstücken des Fliegers aufflackern. Ich sehe zu und warte darauf, dass die Zeit stehenbleibt. Doch das tut sie nicht. Sie tickert dahin wie der Sekundenzeiger meiner Armbanduhr.

Leise klingt ein fremdartiges Geräusch an mein Ohr. Es erinnert mich an das Rattern eines Hubschraubers. Es interessiert mich nicht. Ich schaue mir die qualmenden Flugzeugreste an.

9

Wie lange ich schon in der Klinik bin, weiß ich nicht. Jedes Zeitgefühl ist mir abhandengekommen.

Man fand mich als einzigen Überlebenden in der Nähe der Unglücksstelle. Ich habe auf einem Felsbrocken gesessen, in die Hände geklatscht und Kinderlieder gesungen. Dafür, dass ich die Katastrophe ohne einen einzigen Kratzer überlebte, gibt es keine plausible Erklärung. Vom

Stillstand habe ich niemandem etwas erzählt. Sie hätten mich für irre gehalten.

Nicole und Sophie sind gerade hier gewesen. Das war schön. Ihr Duft hängt noch in der Luft.

Ich schließe die Augen und sehe den Teddy vor mir bewegungslos in der Luft stehen.

Das Tier

1

»Steig ein«, befahl sein Boss und warf die Zigarette fort.

»Guten Morgen.« Bernd tat, was ihm gesagt wurde. Wie immer.

Die anderen saßen schon im Wagen. Keiner sprach ein Wort. Als der Kleinbus sich in Bewegung setzte, schloss er die Augen und genoss die Ruhe. Das Brummen des Motors, vorüberhuschende Scheinwerfer und das Schweigen der Kollegen. Es war Freitagmorgen. Nur noch eine Schicht bis zum Wochenende. Ein paar Stunden wird er funktionieren müssen wie ein Automat. Nicht denken, nicht fühlen. Vermutlich wird der Boss ihn wieder an den Rüttler stellen. Diese Höllenmaschine erzeugte einen grässlichen Lärm und ließ jeden Knochen im Körper vibrieren. Er hasste das Monstrum, mit dem der Untergrund für die neue Straßendecke verdichtet wurde. Der Boss meinte, das sei genau die richtige Arbeit für einen wie ihn. Dabei brauche er kein Gehirn.

»Möchtest du einen Kaffee?«

Bernd öffnete die Augen. Der Boss saß vor ihm auf dem Beifahrersitz. Er hatte sich zu ihm gedreht und grinste ihn an.

»Also, Kumpel, willst du einen Kaffee?«

Normalerweise wurde er immer nur »das Tier« genannt. Und ein Getränk ist ihm noch nie angeboten worden.

»Ich?«

»Klar, wer sonst? Ich habe dir ordentlich Milch und Zucker reingehauen.«

Er reichte ihm einen Becher.

»Danke«

Bernd nahm einen Schluck. Eigentlich trank er seinen Kaffee lieber schwarz. Aber woher sollte der Boss das wissen? In all den Jahren haben sie nie gemeinsam Kaffee getrunken.

»Na, der ist gut, was?« Er nickte ihm freundlich zu. »Trink aus, Kumpel, das macht munter.«

Bernd nippte an dem viel zu süßen Getränk.

»Na, komm schon, nicht so schüchtern, hau weg, die Pfütze.«

Verwundert trank er den Becher leer. Durch einen sonderbaren Nebel sah er, wie der Boss ihn angrinste und die Lippen bewegte. Worte hörte er nicht. Bloß ein merkwürdiges Geräusch, das ihn an Walgesänge erinnerte. Verwirrt beobachtete er, wie seine Hand in Zeitlupentempo versuchte, den Kaffeebecher zurückzugeben. Dabei entglitt das Gefäß den dummen Fingern und schwebte zu Boden. Die Wale sangen und Bernd wurde vom Sitz gezogen. Halb wurde er getragen, halb gezerrt. Seine Füße schlurften ihm unbeholfen hinterher. Frische, kalte Luft strömte in die Lunge. Wie durch Watte sickerte Nieselregen auf sein Gesicht. Lichtpunkte wurden von Scheinwerfern in das Dunkel gehängt und spiegelten sich im feuchten Asphalt. Kräftige Arme hoben und schoben ihn in einen Lieferwagen. Die Hände wurden ihm auf den Rücken gedreht und aneinandergebunden. Eine Autotür knallte wie ein Pistolenschuss.

Alles war schwarz. Die Wale schwiegen.

2

Bernd wachte mit Kopfschmerzen auf. Er fühlte auf sich eine raue Wolldecke und unter sich Heu liegen. Wo sich eigentlich seine Zunge befinden müsste, pappte ihm nun ein unförmiger Schwamm im Mund. Langsam und schwerfällig öffnete er die Augen und kniff sie sofort wieder zu. Das grelle Licht machte ihn blind. Eine

Weile blieb er liegen und versuchte, sich nicht zu bewegen. Ihm tat nicht nur der Kopf weh. Von irgendwoher hörte er Wasser plätschern. Ein wunderbarer Klang. Blinzelnd gelang es ihm, die Augen zu öffnen. Verwirrt rieb er sich die Handgelenke. Von den Fesseln waren nur ein paar Striemen geblieben.

Er befand sich in einer kleinen Halle. Bloß an einer Seite wurde der Raum nicht von Felswänden, sondern durch eine hohe Glasscheibe begrenzt. Er konnte nicht hindurchsehen, denn hinter dem Glas war es nicht so hell wie auf seiner Seite. Im Spiegelbild sah er, woher das Plätschern kam. Aus der Wand ragte ein Bambusrohr, aus dem sich unaufhörlich ein Wasserstrahl in einen kleinen Pool ergoss.

Er streifte die Decke ab, stand auf und schwankte zum Becken, stolperte hinein, tauchte mehrmals prustend unter und trank gierig. Es war kalt und nass und wunderbar erfrischend.

Als er aus dem Wasser stieg, fühlte er sich lebendig und frei. Sein Durst war gestillt und das Kopfweh war wie weggespült. Obwohl er pudelnass war, fror er nicht. Die Luft war angenehm warm. Erst jetzt registrierte er, dass er vollkommen nackt war. Er hüllte sich eilig in die Wolldecke. Mit diesem Umhang bekleidet schlenderte er durch den Raum. Neben dem Heu fand er einen Blechnapf mit kleingeschnittenen Früchten. Äpfel, Bananen und Weintrauben. Das Essen stand direkt vor einer unscheinbaren Klappe in der Wand. Bernd war hungrig und im Nu hatte er das Obst verschlungen. Nach der Mahlzeit stellte er die Schale ordentlich vor die Luke, trat ein paar Schritte zurück und wartete ab. Mit einem leisen Schnarren öffnete sich die Klappe und jemand griff von der anderen Seite nach der Schüssel.

»Hallo!«, rief er. »Wer sind Sie? Und wo bin ich hier?«

Sofort verschwanden die Hände mit dem Gefäß und die Klappe wurde hastig zugeschlagen. Bernd stürzte zu ihr und hämmerte mit den Fäusten auf sie ein. Es war zwecklos. Da ließ er von der Luke ab und untersuchte die Umgebung.

Von der Decke hingen ein paar Seile herab. Teilweise waren sie miteinander verknotet. An einem hing ein Autoreifen. Die Wände bestanden nicht aus hellen Felsen, wie er vorher geglaubt hatte. Die Gesteinsbrocken waren aus Kunststoff nachgebildet. Auch das vermeintliche Bambusrohr, aus dem unaufhörlich Wasser in das Becken plätscherte, war eine Attrappe. Und er fand einen Kasten, halbvoll mit Sägespäne. Als er begriff, dass diese Kiste für seine Notdurft gedacht war, schoss ihm das Blut ins Gesicht.

Auf die nächste, weitaus schwerwiegendere Überraschung stieß Bernd, als er die große Glasfront genauer untersuchte. Wenn er mit dem Gesicht ganz dicht an die Scheibe kam und das einfallende Licht mit den Händen abschirmte, konnte er durch sie hindurchsehen. Was er da auf der anderen Seite entdeckte, ließ ihn vor Entsetzen aufstöhnen. Da waren Leute. Ganz normale Leute. Menschen wie Bernd. Einige hatten Kinderwagen dabei, einige hatten es sich auf Sitzbänken bequem gemacht. Manche von ihnen schleckten Eiscreme und andere unterhielten sich miteinander. Und alle sahen ihn an. Ratlos und verunsichert schlich Bernd zum Heu zurück, legte sich hin und drehte sein Gesicht zur Plastiksteinwand. Die Decke zog er sich über den Kopf. Er war verwirrt, traurig und fühlte sich fürchterlich einsam. Und er schämte sich.

Stunden später hörte er das leise Schnarren der Klappe. Durch die Öffnung schoben zwei Hände eine Schale in den Raum.

»Halt!«, rief er. »Warten Sie!«

Doch es war zu spät. Die Luke war schon wieder fest verschlossen. Bernd versetzte ihr einen heftigen Tritt. Der Schmerz in seinem Fuß machte ihn nur noch wütender. Zornig nahm er die Schüssel und donnerte sie gegen die Klappe, wo sie nichts ausrichtete. Möhren, Kohlrabi und Fenchel flogen durch die Luft. Er konnte sich genau vorstellen, wie die Leute vor der Scheibe ihn nun mit offenen Mündern begafften. Als er den Edelstahlbehälter mit voller Wucht gegen das Glas schmetterte, prallte dieser ab und schlug ihm hart ins Gesicht. Bernd prügelte mit der Schüssel auf die Scheibe ein und beschmierte sie mit Blut und Tränen. Er brüllte und tobte, bis er mit hängenden Schultern keuchend stehenblieb. Er hatte keine Kraft mehr. Resigniert schlurfte er zum Heuhaufen, rollte sich in die Decke und summte sich traurig in einen neuen Schlaf.

Erst als das Licht ausging, wachte er auf. Mit einem Schlag war es stockdunkel. Nachdem seine Augen sich daran gewöhnt hatten, konnte er auf die andere Seite der Scheibe sehen. Scheinbar hatte jemand in der Zwischenzeit das Glas gereinigt. Auch das Gemüse war eingesammelt worden. Es lag in einer Plastikschale vor der Klappe. Die Edelstahlschüssel war verschwunden. Bernd wusch sich Rotz und Blut aus dem Gesicht und von den Händen, nahm eine Möhre und sah durch die Scheibe in den Raum dahinter. Es war kein Mensch da. Endlich war er allein.

Er saß dort, bis das Licht wieder anging.

3

Einmal wurde durch die Luke nicht bloß Futter, sondern auch ein kleiner Karton geschoben. Bernd riss neugierig die Verpackung auf und fand zu seiner Überraschung ein Schachspiel. Kurz stutzte er, wurde dann wütend und schleuderte das Geschenk gegen die Wand. Die Figuren flogen in die Luft.

»Mit wem soll ich denn hier Schach spielen, du blöder Ochse!«, brüllte er die Klappe an. Eine Antwort bekam er nicht.

Bald hatte er die Fütterungszeiten genau im Gefühl. Rechtzeitig bezog er Stellung und versuchte, dem anonymen Wärter ein paar Worte abzuluchsen.

»Bitte sag etwas, irgendetwas.«

»Du kannst mich nicht so hängenlassen, sprich mit mir.«

»Du Mistkerl, wenn ich hier rauskomme, landest du im Knast!«

»Bin ich denn ein Monster? Bin ich denn kein Mensch wie du?«

»Guten Morgen, mein lieber Freund. Ich bin mir sicher, du hast ein gutes Herz.«

Er konnte sagen, was er wollte, eine Antwort bekam er nie. Schließlich gab er es auf.

Bernd wusste nicht, wie lange er gefangen gehalten wurde. Drei Tage, eine Woche oder zwei Monate? Was spielte das auch für eine Rolle? Ihm war fast so, als sei er schon immer hier gewesen. Es war neonlichthell. Er schirmte die Augen mit seinen Händen ab und sah durch das dicke Glas. Dicht vor ihm stand ein Pärchen und gaffte ihn an. Der Mann legte seinen Arm um die Schultern der Frau und flüsterte ihr etwas ins Ohr. Sie lachte und gab ihm einen Kuss auf die Wange.

»Bitte helfen Sie mir!«, flehte Bernd.

Die Frau schnitt ihm eine Grimasse, woraufhin ihr Freund lachend den Kopf schüttelte.

»Ich werde hier gefangen gehalten! Holen Sie Hilfe!«

Fröhlich und unbekümmert gingen die beiden fort.

Er begann die Leute zu hassen, die herkamen, um ihn anzustarren.

Ein Mädchen mit Zöpfen trat an die Scheibe. Sie lächelte und winkte ihm freundlich zu.

»Bitte ruf die Polizei!« Er betonte jede Silbe überdeutlich.

Vielleicht würde das Kind die Worte von seinen Lippen lesen können. Doch die Kleine hüpfte auf einem Bein davon.

Von den Menschen da draußen konnte er keine Hilfe erwarten. Er sank für einen verzweifelten Moment in sich zusammen. Als er das Mädchen zurückkommen sah, tat sein Herz einen freudigen Sprung. Sie kam direkt auf ihn zu! Das konnte nur bedeuten, dass sie …!

Diesmal hatte sie eine Puppe bei sich. Mit ernster Mine zeigte sie mit dem Finger auf ihn und flüsterte etwas in das Puppenohr.

Bernd, das Tier, schlug wütend mit der Faust gegen das Glas und brüllte so laut er konnte. Die Kleine lief weinend zur Mutter und ließ sich trösten.

Nie wieder bat er jemanden durch die Scheibe um Hilfe. Stattdessen gewöhnte er sich an, die Touristen zu erschrecken. Oft tat er so, als würde er schlafen, um plötzlich aufzuspringen und mit der Plastikschale oder den Fäusten gegen das dicke Glas zu hämmern. Dabei schrie er wie ein Irrer.

Da kam jedes Mal Bewegung in die Leute.

4

Walter stellte das Frühstück für den neuen Humanoiden zusammen. Er schnitt Äpfel in Stücke. Dazu gab er ein paar Scheiben Banane und etwas Joghurt. In den letzten Tagen hatte er beobachtet, dass Puschel zu schätzen wusste, wenn das Futter mit Honig gesüßt war. Also gönnte er ihm diese kleine Gaumenfreude. Er liebte seine Zöglinge und würde alles dafür tun, dass es ihnen gut ginge. Der Neue bereitete ihm Sorgen. Puschel war blass und schien sich nicht so recht einzuleben. Oft randalierte er und zeigte aggressives Verhalten. Sogar als Walter ihm hervorragendes Material zur Beschäftigung angeboten hatte, reagierte er äußerst gereizt. Der Pfleger seufzte und schüttete ein paar Rosinen zu den Äpfeln. Die guten ungeschwefelten aus dem Bio-Anbau. Er legte Wert darauf, seine Schützlinge nur mit dem besten Futter zu versorgen.

Zuweilen zweifelte Walter daran, dass es richtig war, sie aus der freien Wildbahn einzufangen. Vielleicht wäre es besser, sie nachzuzüchten. Leider bekamen sie in Gefangenschaft nur selten Nachwuchs. In der Regel paarten sie sich nicht mal bei hervorragender Pflege.

Wilde Humanoide fraßen oft Unmengen von Fett und Zucker. Viele von ihnen tranken Alkohol oder verbrannten Tabakpflanzen, um die schädlichen Dämpfe einzuatmen. Ballaststoffreiche Vollwertkost mit Vitaminen und klares Wasser nahmen sie freiwillig kaum ein. Doch das gute Futter war nicht der einzige Grund dafür, dass sich ihre Lebenserwartung in Gefangenschaft deutlich erhöhte. Eine häufige Todesursache in freier Wildbahn war das aggressive Verhalten von Artgenossen. Obwohl sie eigentlich soziale Wesen waren, oft sehr liebenswerte Individuen, kam es andauernd zu gefährlichen Auseinandersetzungen, die nicht selten tödlich endeten.

Da hatte es Puschel besser.

Walter nahm die Schüssel und trug sie zum Humanoiden-Haus.

Als er das Futter durch die Luke schob, reagierte Puschel kaum auf ihn. Das war ein gutes Zeichen. Bis vorgestern war der Pfleger noch oft von ihm angesprochen worden. Puschel hatte gequengelt, gebettelt und geschimpft. Er konnte hervorragend lautieren. Walter würde niemals antworten. Das war so ziemlich das Erste, was er in der Ausbildung zum Fachpfleger für Humanoide gelernt hatte: »Nie mit ihnen reden! Das würde sie bloß verwirren.«

Diese klare Regel gehörte zur professionellen Distanz. Und die war enorm wichtig im Umgang mit den Pfleglingen. Man durfte ja nie vergessen, auch wenn sie hübsch anzusehen waren: Es waren wilde Tiere. Und sie konnten gefährlich werden. So liebenswürdig und niedlich sie auch wirkten.

5

Die Futterluke war nicht die einzige Öffnung nach draußen. Es gab auch eine Tür. Allerdings hatte diese weder eine Klinke noch ein Schlüsselloch. Sie war auf den ersten Blick gar nicht zu erkennen. Ebenso wie die Wand war sie mit Felsimitat verkleidet. Nachdem Bernd den Türspalt entdeckt hatte, saß er stundenlang nur da und starrte den möglichen Ausweg an. Er kam zu der Überzeugung, dass der Ausgang sich nur öffnete, wenn er schlief. Immerhin war der Spänekasten jedes Mal, wenn er aufwachte, wie von Geisterhand geleert und frisch mit Sägespäne gefüllt.

Nachdenklich nahm er eine Tomate aus der Schüssel, zerdrückte sie und schmierte die Matsche an die Scheibe. Vom übrigen Gemüse warf er etwas in das Wasserbecken und den Rest verteilte er im Raum. Als er das erledigt hatte, hockte er sich auf die Kiste und tat das, wofür sie offensichtlich gedacht war.

Bernd zupfte sich ein paar Haare aus, sammelte noch etwas Heu dazu, und formte ein leichtes, unauffälliges Bällchen. Dieses winzige Knäuel platzierte er vor die Tür und legte sich etwas nervös auf sein Lager.

Stunden später, nachdem er geschlafen hatte, untersuchte er den Raum. Und tatsächlich, die Scheibe glänzte wieder streifenfrei sauber, die Essensreste waren ordentlich eingesammelt worden und der Kasten war frisch mit Späne befüllt. Und das Bällchen lag nun an einer anderen Stelle. Es lag glasklar auf der Hand: Er hatte eine verborgene Tür entdeckt. Und sie wurde geöffnet, wenn er schlief. Dann kamen die Kerkermeister heimlich in sein Gefängnis, leerten den Spänekasten, räumten das angematschte Futter fort und reinigten auch noch die Scheibe.

Aufgewühlt ging Bernd immer im Kreis umher, immer an der Wand lang. Genau wie die Gedanken in seinem Kopf. Er musste geduldig sein. Er musste warten. Eben erst war er aufgestanden. Die Gefängniswärter würden ihm nicht trauen, wenn er sich jetzt gleich wieder hinlegen würde.

Nachdem das Essen durch die Luke gereicht wurde, schlang er ohne Appetit einen Teil hinunter, das restliche Obst warf er einfach gegen das verhasste Glas. Die Wärter sollten etwas zum Saubermachen haben. Nach einem Bad machte er ein paar Liegestütze und joggte eine Weile auf der Stelle. Schließlich setzte er sich an die Scheibe und erschreckte einige von den Leuten da draußen. Und endlich war er wieder müde. Es musste genügend Zeit vergangen sein, dass er sich hinlegen konnte, ohne verdächtig zu erscheinen. Mit halb geschlossenen Augen behielt er die Tür im Blick. Er atmete tief und gleichmäßig. Langsam begann er, Schnarchgeräusche zu machen.

Nach einer Weile öffnete sich die Tür. Vorsichtig betrat ein Mann in einem blauen Overall den Raum. Er sah zu Bernd, der ihn blinzelnd beobachtete. Der Wärter drehte sich um und nahm Eimer und Schaufel, die hinter ihm bereitstanden. In diesem Moment sprang Bernd auf und raste auf ihn zu. Der Fremde ließ alles fallen und griff nach einem Gerät an seinem Gürtel. Bernd schlug seine Stirn gegen die Wärternase, die krachend zerbrach. Sein Knie rammte er kräftig in den Unterleib des Opfers. Er sprang über den sich krümmenden Haufen

Mensch hinweg. Auf der Flucht zog er die Tür hinter sich zu. Er war fast blind vom Nasenblut des Wärters, das ihm in die Augen rann. Panisch raste er einen Gang hinunter, riss weitere Türen auf, verließ das Gebäude. Kreischend liefen Leute vor ihm davon und endlich fand er Zuflucht in einem Wäldchen.

Es war angenehm kühl. Vögel zwitscherten und Bernd war frei.

Endlich war er allein. Allein und frei!

6

Nachdem Walter ärztlich versorgt worden war, ging er nach Hause. Er hatte Schmerztabletten bekommen und sollte sich für ein paar Tage ausruhen.

Er machte sich Sorgen um Puschel. Und darum, dass er etwas Schlimmes anstellen könnte. Im Radio war gemeldet worden, dass ein gefährliches Tier aus dem Zoo entwichen war. Die Bevölkerung sollte Fenster und Türen fest verschließen und die Häuser nicht verlassen.

Wieso hatte er den Elektroschocker bloß nicht rechtzeitig zur Hand gehabt? Walter machte sich Vorwürfe. Er wusste doch, wie Humanoide tickten. Er wusste doch, dass man bei ihnen nie vorsichtig genug sein konnte. Puschel konnte man ja nichts vorwerfen. Er war bloß seinen Instinkten gefolgt, wie es der Natur entsprach.

Nein, Walter war alleine schuld an dieser Misere.

Die Radiomusik wurde unterbrochen.

»Der vor wenigen Stunden entlaufene Humanoid ist soeben auf der Flucht erschossen worden. Wie uns aus dem Zoo bestätigt wurde, hat es leider keine Alternative zum Abschuss gegeben. Nur das rasche und beherzte Eingreifen der Sicherheitskräfte konnte verhindern, dass jemand verletzt wurde.«

»Gottseidank«, murmelte Walter, »es ist niemand zu Schaden gekommen.«

Doch um Puschel tat es ihm leid. Es war ein so außergewöhnlich schönes Tier gewesen.

Im Radio dudelte wieder Musik.

Einauge

Ich bin deprimiert. So deprimiert wie noch nie. Ich sitze am Neuen Markt und gieße mir eine Büchse Bier nach der anderen in den Schädel. Meine Frau trifft sich gerade in diesem Moment mit einem Kerl. Der Typ ist viel jünger als ich, und er ist ihr Yoga-Lehrer. Er hat dunkles, lockiges Haar und da, wo bei mir langsam aber sicher eine runde wabbelige Kugel wächst, hat dieser Halbgott stramme Bauchmuskeln. Verdammter Schönling! Der Kerl könnte ihr Sohn sein! Naja, nicht ganz, aber beinahe. Ich zerdrücke die leere Dose, donnere sie in den Mülleimer und lehne mich zurück.

»Nun glotz nicht so blöde«, blaffe ich die steinerne Figur an, die auf dem gepflasterten Platz steht.

Auch wenn der »kleine Roland« schon ein paar hundert Jahre alt ist, bleibt er doch eine Nachbildung vom größeren Original, dem Standbild vor dem Rathaus in der Innenstadt.

Ich reiße die nächste Büchse auf, sie schäumt wie verrückt. Lauwarmes Bier spritzt mir auf die Hose. Mit Kräutertee wäre das nicht passiert. Ich gucke böse zum kleinen Roland. Mir kommt es vor, als würde ein spöttisches Lächeln seine Lippen umspielen. Ich beschließe, den starren Provokateur zu ignorieren und schaue in die andere Richtung. Da schlendert ein Typ auf mich zu. Er trägt einen großen Schlapphut und einen verschlissenen Umhang. In seiner rechten Hand hält er einen langen Stock, den er rhythmisch auf das Pflaster klackern lässt. Direkt vor mir bleibt er stehen.

»Sei gegrüßt, Menschlein«, krächzt der merkwürdige Alte.

Ich bringe keinen Ton raus. Mein Blick ist gefangen von der leeren Höhle, in die eigentlich das linke Auge hineingehört hätte.

»Äh ja, Moin«, stammele ich schließlich irritiert.

»Ich möchte sitzen.«

»Nehmen Sie Platz«, biete ich ihm an und rutsche ein wenig zur Seite.

»Die Menschen sind merkwürdig«, stellt er fest und setzt sich.

Na, das sagt ja der Richtige. Ich starre die leere Augenhöhle an. Zahlt denn die Krankenkasse dem kein Glasauge? Der erschreckt doch die Leute.

»Die Menschen sind merkwürdig«, wiederholt er seufzend.

»Das sagten Sie bereits. Bierchen?« Ich halte ihm meine vorletzte Dose hin. Er schüttelt traurig den Kopf. Fast bekomme ich Mitleid. »Was haben sie Ihnen denn angetan, diese merkwürdigen Menschen?«

»Angetan haben sie mir gar nichts. Wie sollten sie auch? Aber sie verstehen nichts. Wenn man ihnen erklärt, wie sich die Dinge verhalten, wie die neun Welten aufgebaut sind, dann begreifen sie es nicht. Sie lachen bloß und schütteln einfältig ihre dummen Köpfe.« Er wühlt in seinen Taschen.

»Ja ja, das kenn ich«, pflichte ich ihm bei. »Bierchen?«

»Ich habe sie doch hier irgendwo gehabt«, murmelt der Alte, ohne mir zu antworten. Er unterbricht kurz die Suche in seinen Taschen, fixiert mich mit dem rechten Auge und stellt fest: »Du scheinst mir ebenfalls Kummer im Herzen zu tragen. Was betrübt dich?«

»Ach, nichts.«

Ich schaue wieder zum kleinen Roland. Dem sind meine Sorgen egal. Da ist mir der Einäugige an meiner Seite lieber. Außerdem sind manchmal die verrücktesten Leute die besten Zuhörer.

»Oder eigentlich gibt es da doch etwas«, sage ich zu ihm, »meine Frau trifft sich mit einem anderen Kerl. Mit einem Schönling, so einem Halbgott mit Bauchmuskeln!«

»Ein Halbgott? Wie heißt er? Vielleicht kenne ich ihn.«

»Keine Ahnung, wie der heißt. Karl-Otto oder Blödmann. Ist mir auch egal.«

»Ach, da ist sie ja!«, ruft der Sonderling erfreut und zieht eine kleine Tüte aus einer Manteltasche. »Diese rabenschwarze Speise ist etwas ganz Besonderes. Ich habe sie erst vor kurzem entdeckt. Magst du sie kosten?« Er hält mir die offene Tüte mit Lakritz hin.

Ich schüttel den Kopf. »Passt nicht zum Bier.«

Der Fremde schiebt ein Stück nach dem anderen in den Mund und kaut genüsslich und selbstvergessen. Dabei murmelt er: »Herrlich! So eine wunderbare Speise! Unglaublich!«

Während er futtert, sehe ich mir sein Gesicht an. Nicht bloß die leere Augenhöhle. Mir fällt auf, dass er eigentlich gar nicht so alt aussieht. Zwar sind seine Haare grau und das Gesicht ist von tiefen Falten durchzogen, aber dennoch wirkt er nicht wie ein Greis oder gar vertrocknet. Er strahlt eine kraftvolle Vitalität aus.

»Sie wirken viel jünger, als ich im ersten Moment dachte«, sage ich ihm.

»Das liegt an den goldenen Äpfeln aus Iduns Garten. Die schenken uns ewige Jugend. Ich koste jeden Tag von ihnen.«

»Ja, Obst ist gesund.«

»Doch die schwarze Wunderspeise schmeckt besser und macht glücklich.«

Er schaut in die Tüte. »Und nun ist sie leer«, stellt er traurig fest. »Ich werde Neue besorgen.« Der junge Alte schickt sich an aufzustehen.

»Moment, warten Sie!«, halte ich ihn auf. Inzwischen gefällt mir seine Gesellschaft. Ich will nicht wieder mit dem kleinen Roland allein auf dem Marktplatz sein. »Bleiben Sie doch noch ein bisschen.«

»So soll es sein.« Er lehnt sich zurück. Doch ich habe den Eindruck, er denkt bloß darüber nach, wie er an Lakritz kommen könnte.

»Was ist mit Ihrem Auge geschehen?«

Normalerweise würde ich das nicht fragen. Es gehört sich ja nicht, Leute direkt auf ihre Gebrechen anzusprechen. Aber ich will wieder ein Gespräch in Gang kriegen und ich habe schon genügend Bier intus, um mich über höfliche Zurückhaltungen hinwegzusetzen.

»Das Auge gab ich einst für einen Schluck aus dem Brunnen der Weisheit her. Ich opferte es Mimir, dem Hüter des Brunnens.«

Meine Güte, was für ein Spinner. Vielleicht hätte ich ihn nicht aufhalten sollen. Nicht gerade höflich frage ich ihn: »Aus welchem Irrenhaus sind Sie denn entlaufen?«

Anscheinend möchte er etwas antworten, doch als er den Mund öffnet, unterbreche ich ihn hastig: »Halt! Nichts sagen, ich will es lieber gar nicht wissen.«

Nach einem kurzen Moment setze ich hinzu: »Aber eins würde mich interessieren: Sie sind doch nicht von hier. Wieso sind Sie nicht einfach da geblieben, wo Sie herkommen? Was suchen Sie hier?«

»Weisheit.«

»Was?«

»Weisheit und immer mehr Weisheit. Seit dem Beginn aller Zeiten bin ich unermüdlich auf der Suche nach Erkenntnis. Ich durchwandere immer wieder aufs Neue die neun Welten von Asgard über Midgard bis nach Schwarzalbenheim und Hel hinunter. So oft es meine Geschäfte zulassen, begebe ich mich auf die Suche, beharrlich und nimmermüd, stark, mächtig und…«

Der komische Vogel spricht wie der Yoga-Lehrer meiner Frau. Wenn er schon so schlau ist, soll er doch mal ein bisschen konkreter werden und mir von seiner Weisheit ein Stückchen abgeben. Einen kleinen Tipp könnte ich schon gut gebrauchen.

»Es ist ja nicht so, dass sie mich mit ihm betrügt«, erzähle ich dem Fremden. »Jedenfalls nicht unbedingt. Aber kann ich das mit Sicherheit wissen? Sie sollten sie sehen, wenn sie von dem Adonis erzählt. Sie ist immer hell begeistert, wenn sie wieder nach Hause kommt. Ihre Augen leuchten dann vor Freude.«

»Ach, Adonis. Von dem habe ich mal was gehört. Das ist ein Grieche, nicht wahr?«

»Ja ja, schon möglich. Auf jeden Fall liegen ihm die Frauen zu Füßen.«

»Ich kann das Pack vom Olymp nicht ausstehen. Was die sich einbilden! Halten sich für die großen Götter.«

»Ja, genau! Den Eindruck habe ich auch.«

»Und der andere Kerl, der mit dem albernen Hut, das ist auch so ein Emporkömmling. Ich möchte nicht wissen, wie der sich im Kampf gegen die Riesen bewähren würde.«

Irgendwie habe ich das Gefühl, das Gespräch entwickelt sich wieder in eine merkwürdige Richtung.

»Wen meinst du?«, frage ich ihn, korrigiere mich gleich. »Wen meinen Sie?«

»Na, den Typen, den Chef von eurer … Dings … Wie heißt das noch?«

Wirklich, ich hätte ihn gehen lassen sollen, als er es wollte. Langsam wird er mir unheimlich. »Ich glaube, in der Bäckerei da drüben kann man bestimmt auch Lakritz bekommen.«

»KIRCHE!«, ruft der Einäugige aus. »Den Chef von eurer komischen Kirche meine ich. Papst heißt der!«

»Ach so, na ja«, sage ich lahm.

»Sag doch selbst, der würde nicht die kleinste Schlacht gegen die Riesen durchstehen. Kannst du ihn dir mit einem Schwert vorstellen? Oder mit einem Speer?«

Er greift nach dem Stock, den er neben sich an die Bank gelehnt hatte, und fuchtelt mit ihm in der Luft herum. Jetzt erst sehe ich, dass der Stab eine Spitze aus massivem Stahl hat.

»Was ist das?«

»Das, Menschlein, das ist Gungnir, mein Speer. Fleißige Zwerge aus Schwarzalbenheim haben ihn mir geschmiedet. Er verfehlt niemals sein Ziel. Eine mächtige Waffe.«

Mir wird schwindelig. Ich habe es nicht nur mit einem Irren zu tun, sondern mit einem bewaffneten Irren.

»Nun stell dir mal vor, was könnte der Papst mit Gungnir anfangen? Die Riesen würden sich kaputtlachen, oder nicht?«

»Um auf Adonis zurückzukommen …«, versuche ich das Gespräch in eine weniger dramatische Richtung zu lenken.

»Ach der!«, spuckt der Sonderling verächtlich aus. »Der würde genau wie der Papst im Kampf untergehen! Gegen die Riesen hätten beide keine Chance.«

»Äh, jaja, das mag wohl sein.«

Ich stehe auf.

»Mal sehen, ob die in der Bäckerei da drüben Lakritz haben, Sie wissen schon, diese rabenschwarze, wunderbare Speise. Ich gehe schnell was holen.«

Mir ist das zu gefährlich, ich werde die Polizei rufen. Die soll diesen bewaffneten Irren einfangen.

»Tja, Menschlein, das ist freundlich von dir. Doch leider muss ich wieder fort. Es war schön, mit dir zu plaudern.«

Er steht auf, hebt theatralisch die Arme und murmelt beschwörende Worte, die ich nicht verstehe. Im nächsten Moment ziehen dunkle, schwarze Wolken auf, es wird plötzlich kalt, und ein heftiger Hagelschauer setzt ein. Irgendwo von oben stürzt ein gewaltiges Wesen auf den kleinen Marktplatz. Ich kann nicht glauben, was ich doch mit eigenen Augen sehe: Ein Pferd steht nun schnaubend vor dem Fremden. Aber was für ein Pferd! Ein Berg von dampfender Muskelmasse. Nervös schabt es mit den mächtigen Hufen auf den Pflastersteinen herum – mit acht Hufen. Dieser Koloss hat tatsächlich ACHT BEINE!

Einauge tritt zu dem sagenhaften Tier, ruft ihm fremd klingende Worte zu, woraufhin es die vorderen vier Beine einknickt. Nun kann der Fremde aufsteigen. Auf dem Rücken des Tieres hebt er Gungnir, den Speer, und ruft mit lauter, kräftiger Stimme: »Ich bin Odin! Gott des Krieges und Gott der Weisheit. Ich bin Odin, Herrscher über die neun Welten Yggdrasils! Herr über alle Götter! Ich bin Odin, der Allvater!«

Mit donnernden Hufen rast das Tier über den kleinen Platz, der kleine Roland gerät ins Schwanken, kippt beinahe um. Dann erhebt das mächtige Tier sich in die Luft und fliegt davon. – Es fliegt einfach davon.

Die Wolken ziehen ab. Die Sonne scheint. Spatzen zwitschern. Es ist wieder warm.

Mit der flachen Hand schiebe ich Hagelkörner von der feuchten Bank und setzte mich. Mein

Blick geht in die Richtung, in die gerade ein Gott auf einem mächtigen Fabelwesen verschwand. Ich öffne die letzte Büchse Bier. Manchmal gehen unglaubliche Dinge vor sich und lassen menschliche Sorgen verblassen. Eifersüchteleien, Eitelkeiten – all das ist nicht von Bedeutung.

Ich streiche über die wabbelige Wölbung meines Bauches. Adonis kann mir egal sein. Mein Bauch ist genau richtig so, wie er ist. Kurzentschlossen werfe ich die geöffnete, volle Dose in den Mülleimer, nicke dem kleinen Roland zum Abschied freundlich zu und jogge los. Meine Frau wird bald nach Hause kommen, dann will ich da sein und ihr einen Kuss auf die Wange drücken.

Ich laufe schneller.

Die Plätzchen meiner Oma

1

Im Nachbarhaus lebte eine alte Dame. An warmen Sommertagen saß sie in der Küche am offenen Fenster und hielt mit jedem, der vorbeikam, ein Schwätzchen. Wenn es zu kalt war, sah sie durch die Scheibe nach draußen und öffnete nur nach Bedarf. Für mich machte sie immer auf. Häufig steckte sie mir ein paar Plätzchen oder andere Leckereien zu und ich las ihr gelegentlich eine meiner Kurzgeschichten vor, die sonst niemand hören wollte. Über »Elvira« kicherte sie fröhlich wie ein Schulmädchen, und als ich ihr »Kitsch« vorlas, wischte sie sich verstohlen eine Träne aus dem Augenwinkel. Viele Jahre lebten wir in enger, vertrauter Nachbarschaft. Ich nannte sie liebevoll Oma, obwohl wir nicht miteinander verwandt waren.

Als ich an einem regnerischen Nachmittag von der Arbeit kam, klopfte sie an die Scheibe und winkte mich heran. Dabei war das gar nicht nötig, niemals würde ich vorübergehen, ohne sie zu begrüßen. Mit einem strahlenden Lächeln öffnete sie das Fenster und rief mir zu: »Guten Abend, mein Lieber, ich habe etwas für dich, etwas ganz Besonderes.« Aufgeregt drehte sie sich um, verschwand in der Küche und tauchte gleich wieder mit einer Keksdose auf. »Wie schön, Oma, du hast Plätzchen gebacken.« Sie nahm einen Keks aus der Büchse und wollte ihn mir reichen, doch im letzten Moment überlegte sie es sich anders. »Vielleicht ist es besser, du kommst rein und setzt dich, bevor du kostest. Warte, ich öffne dir rasch die Tür.« Kurz darauf saß ich zum ersten Mal an ihrem Küchentisch. Vor mir, auf einem Tellerchen mit Goldrand, lag ein Plätzchen. Oma blickte mich erwartungsvoll an. »So, mein Lieber«, sprach sie feierlich, »wenn du bereit bist, darfst du jetzt probieren.« Ich sah mir das Gebäck an. Es machte einen gewöhnlichen Eindruck, aber da Oma in ihm scheinbar eine große Bedeutung, etwas ganz Besonderes sah, zögerte ich. Es war nicht so, dass ich ihr misstraute. Ich war sicher, niemals würde sie mir etwas Böses oder Verrücktes antun, meine Oma war ein wirklich herzensguter Mensch. Ich war eben nur ein wenig irritiert und verunsichert, weil sie dem Keks eine so große Bedeutung beimaß. So saß ich eine Weile am Küchentisch vor dem Goldrandtellerchen und wusste nicht so richtig, was ich tun sollte. Und wie ich so dasaß und nichts geschah, da nahm ich einen feinen Geruch wahr. Ein hinreißender Duft, den ich zwar kannte, der mir jedoch in diesem Moment unwirklich und fast ein bisschen magisch vorkam. Von dem unscheinbaren Plätzchen ging ein Wohlgeruch, ein überaus liebliches Aroma aus. Es war unbeschreiblich. Und dennoch war es nur der gewöhnliche Geruch eines gewöhnlichen Kekses. Und eben doch ganz ungewöhnlich. Verwirrt löste ich den Blick von dem Plätzchen und sah zu Oma. Die lächelte und nickte mir freundlich zu. Da nahm ich das Gebäckstück, hob es vor meine Lippen und schloss die Augen. Genüsslich sog ich den Duft ein, vergaß einfach alles um mich herum. Alles, was jetzt noch zählte, war der Keks. Und sein Duft. Und ich. Mehr schien es in dieser Welt nicht zu geben. Ohne zu wissen, was ich tat, öffnete ich den Mund, schob das Wunderding zwischen die Zähne und biss vorsichtig, andächtig ein Stückchen ab.

Was dann geschah, kann ich nicht mit Sicherheit sagen. Meine Geschmacksnerven jubelten, mein Verstand verabschiedete sich. Das Plätzchen war unglaublich. Dergleichen hatte ich noch nie im Leben geschmeckt. Hätte ich in diesem Moment etwas denken können, es wäre sowas wie: »Was ist das? Ich nehme eigentlich keinen anderen Geschmack wahr als den eines Kekses und doch schmeckt es so wunderbar«. Vielleicht würde ich auch denken: »Was passiert mit mir? Sind da Drogen drin?« Aber ich war gar nicht in der Lage zu überlegen. All mein Verstand, all mein Fühlen, all mein Sein konzentrierte sich auf das Plätzchen.

Nachdem das letzte Krümelchen, das letzte bisschen Geschmack sich im Mund aufgelöst und zu einer bezaubernden Erinnerung verblasst war, sah ich zu Oma.

Sie lächelte mich stolz an und fragte: »Und? Was meinst du?«

Ich war überwältigt, konnte erst gar nicht antworten, schließlich flüsterte ich: »Wunderbar. Das war eine Köstlichkeit.«

»Da freue ich mich aber, dass es dir geschmeckt hat. Ich habe mir diesmal ganz besonders viel Mühe gegeben. Möchtest du noch ein Plätzchen?«

Ich war mir nicht sicher, ob ich schon wieder etwas so Fantastisches würde verkraften können, trotzdem nickte ich erfreut. Oma stand auf und holte die Keksdose aus dem Schrank. Da hörte ich ein Klopfen an der Scheibe. Es war ein älterer Herr, der jeden Tag mit seinem Dackel am Haus vorbeikam. »Hallo«, rief er, »sind Sie wohlauf?« Oma öffnete ihm. »Guten Abend, Herr Schulz.

Ja, es ist alles bestens, wieso fragen Sie?« Der Nachbar erklärte, er habe sich gewundert, als er Oma nicht am Fenster sitzen sah. »Wie freundlich von Ihnen, Sie machen sich Sorgen um mich alte Frau. Übrigens habe ich gebacken. Möchten Sie mal probieren?« Sie wollte ihm ein Plätzchen nach draußen reichen. »Halt!«, rief ich dazwischen. »Das kostet einen Euro!« Dazu muss man wissen, dass ich Herrn Schulz nicht besonders mochte. Ständig beschimpfte er Kinder, wenn sie es wagten, seinen heiligen Rasen zu betreten, ständig drohte er damit, die Polizei zu alarmieren, wenn jemand sich nicht ganz vorschriftsmäßig verhielt. Und ständig ließ er den blöden Köter auf den Gehweg kacken. »Das kostet einen Euro!«, verlangte ich, ohne nachzudenken. Eigentlich tat ich das nur, weil ich ihm diese unglaubliche Köstlichkeit nicht gönnte. Die beiden schauten mich verwundert an.

»Ist das wahr?«, staunte Herr Schulz.

»Wenn er es sagt.« Natürlich war Oma auf meiner Seite.

»Nun gut, nun gut.« Umständlich kramte er aus der Tasche eine dicke, altmodische Geldbörse, suchte ein Eurostück heraus und reichte es ihr.

Bevor er den Keks probierte, zögerte er. Ich konnte ihm förmlich ansehen, wie dieser wunderbare Duft durch die Nase in sein Gehirn kroch, von dort langsam in die Wahrnehmung sickerte und ihn überwältigte, ohne dass er wusste, wie ihm geschah. Ein etwas blöder Ausdruck machte sich auf dem Gesicht breit. Mit gespitzten Lippen biss er ein winziges Stückchen ab. Verblüfft riss er die Augen auf, starrte erst Oma an und dann mich. Kurz schien es, als würde er nach hinten wegkippen. Nun steckte er den restlichen Keks in den Mund, schüttelte ungläubig den Kopf, wie um zur Besinnung zu kommen. Er japste fassungslos nach Luft und stöhnte schließlich beglückt: »Das ist ja wunderbar«, drehte sich um und ging, nein, tänzelte glücklich fort.

»Oma?«, fragte ich. »Was sind das für Plätzchen? Was hast du da reingetan?«

»Ach mein Lieber, nichts Besonderes. Mehl, Butter und Zucker«

»Aber das sind doch keine gewöhnlichen Kekse! Warum sind sie so … so unglaublich?« Mir fiel kein passenderes Wort ein.

»Tja, so genau kann ich das gar nicht sagen. Vielleicht sind sie so gut, weil ich sie mit Liebe gebacken habe.«

2

Am nächsten Tag konnte ich mich kaum auf die Arbeit konzentrieren. Die ganze Zeit dachte ich nur an die Plätzchen meiner Oma. Mir kam die ganze Keks-Geschichte ziemlich unglaubwürdig vor und ich hatte das Gefühl, diese Angelegenheit würde sich noch in eine ungeheuerliche Richtung entwickeln.

Als ich am Abend in unsere Straße bog, kamen mir entrückt lächelnde Leute entgegen. Aus einiger Entfernung konnte ich sehen, dass sich vor dem Küchenfenster eine Schlange gebildet hatte. Oma reichte fröhlich die Plätzchen zum Fenster raus und hatte für jedermann ein freundliches Wort. Mich begrüßte sie schon von weitem: »Hallo, mein Lieber, sieh dir das an. Wer hätte das gedacht? Die wollen alle meine Kekse probieren.«

»Ey, hinten anstellen!«, meckerte irgendwer.

»Lass mich rein, Oma, ich komme an die Tür.«

Kurz darauf saß ich in der Küche und beobachtete Oma, wie sie ihre Plätzchen durch das Fenster heraus verkaufte. »Ich nehme für jeden Keks einen Euro, so wie du es gesagt hast.«

Ich sah nach draußen. Die Schlange der Kundschaft wollte und wollte nicht kürzer werden.

Dem nächsten Käufer rief ich zu: »Ab jetzt kosten sie zwei Euro pro Stück!«

»Zwei?«, wunderte sich Oma, »aber gestern hast du ›ein Euro‹ gesagt.«

»Sieh dir mal die vielen Leute an. Die wollen alle deine Plätzchen. Und du hast ja auch Ausgaben. Vielleicht kannst du dir ein sogar bisschen was dazu verdienen. Du wolltest immer mal eine Reise machen. Wäre doch schön, wenn etwas Geld in die Kasse käme.«

»Na gut«, sagte Oma und verkaufte weiter.

Nachdem das letzte Plätzchen für ein glückseliges Grinsen gesorgt hatte, rief Oma den Wartenden zu: »So, Schluss für heute. Ich habe nichts mehr.« Einige fingen an zu murren, ich beschwichtigte sie: »Liebe Leute, wir können es nicht ändern, es ist alles rausgegangen. Kommt morgen wieder. Ab zwei Uhr gibt es frische Ware!«

»Warum denn so spät?«, maulte eine junge Frau.

»Wir müssen doch erst neue Plätzchen besorgen, vorher ist da nichts zu machen.«

Ich schloss das Küchenfenster und ließ die Jalousie runter. Oma und ich saßen schweigend am Küchentisch. Nach einer Weile seufzte sie glücklich erschöpft: »Was für ein Tag!« Als ich nichts darauf antwortete, setzte sie hinzu: »Und morgen geht es weiter.«

»Ja«, gab ich ihr Recht, »morgen geht es weiter. Bloß wie?«

»Ganz einfach, mein Lieber, du hast den Leuten gesagt, dass es um zwei Uhr neue Kekse gibt. Das war klug von dir. Da habe ich den Vormittag über Zeit zum Backen.«

»Ich komme direkt nach der Arbeit dazu. Vielleicht kann ich dir ja was helfen.«

Als ich am nächsten Tag nach Hause kam, war die Schlange deutlich länger als am Vortag. Es war schwierig, bis zur Haustür vorzudringen, denn überall drängelten die Leute. »Ich habe kaum noch Kekse.« Schweißtropfen standen auf Omas Stirn. »Back neue, ich übernehme den Verkauf«, schlug ich vor.

Bis in den späten Abend hinein rührte die alte Dame frischen Teig an, formte Plätzchen, hantierte mit den heißen Backblechen, während ich das wunderbare Gebäck zum Küchenfenster hinaus verkaufte. Um möglichst viele Kunden zu versorgen, gab ich sie nur einzeln aus. Die meisten verspeisten die Leckerei voller Andacht noch im Stehen vor dem Fenster. Das war mir eigentlich ganz recht, denn ich befürchtete, dass ein Schwarzmarkt entstehen könnte, wenn die Leute anfingen, die Plätzchen in größerer Stückzahl mitzunehmen.

Es wurde schon dunkel, als meine Oma verkündete: »So nun ist das letzte Blech im Ofen. Ich habe kein Mehl mehr. Und ich muss mich jetzt auch ein wenig ausruhen«

Sie setzte sich an den Küchentisch und sah mir zu, wie ich die restlichen Kekse verkaufte, schließlich die murrenden Leute nach Hause schickte und auf den nächsten Tag vertröstete.

»Schreib mir einen Einkaufszettel, Oma, morgen früh hole ich, was wir brauchen.«

»Ja, wie denn das? Du musst doch zur Arbeit, mein Lieber.«

»Ich ruf da an und lass mich beurlauben. Und dann, Oma, werden wir eine Menge Geld verdienen. Soviel, dass du eine schöne Reise machen kannst.«

»Naja, meinetwegen, aber um das Geschäftliche kümmerst du dich, da verstehe ich nichts von.«

»Kein Problem. Back du nur die Plätzchen. Alles andere lass ruhig meine Sorge sein.«

Am nächsten Morgen ging ich wie besprochen zum Einkaufen. Zu meiner Überraschung hatte sich bereits eine lange Schlange vor Omas Küchenfenster gebildet. Ich machte die Leute darauf aufmerksam, dass der Verkauf erst gegen 14 Uhr beginnen würde.

»Weiß ich doch«, meinte ein Typ mit schulterlangen Haaren. »Ich bin schon seit gestern Abend hier. Diesmal krieg ich 'n Keks, nochmal gehe ich nicht mit leeren Händen fort.«

Ich machte mich nachdenklich auf den Weg zum Supermarkt. Aus einer plötzlichen Laune heraus fragte ich eine junge Frau, die weiter hinten in der Schlange stand: »Wofür stehen Sie an?«

»Na, hier gibt es doch diese Kekse. Die magischen Kekse, über die alle reden.«

»Ja sicher«, merkte ein Herr ironisch an, »ganz bestimmt sind sie magisch, die Plätzchen! Was sonst?«

»Sind sie nicht?«, fragte ich ihn. »Wieso stehen Sie denn hier an und holen sich nicht welche aus dem Supermarkt?«

»Ich bin eben interessiert«, erklärte er mir. »Die ganze Stadt redet über dieses Gebäck. Es soll wirklich gut sein. Sie haben ja gehört … Besonders kluge Leute reden sogar von magischen Kräften.«

»Und ob in ihnen eine übersinnliche Energie steckt!«, meldete sich wieder die junge Frau zu Wort. »Ich kann das beurteilen. Ich hatte schon gestern ein Plätzchen und weiß, wovon ich rede. Probieren Sie erst einmal selber, Sie werden verstehen, was ich …«

Der weitere Verlauf dieser Diskussion war mir egal. Ich ging zum Supermarkt und erledigte eilig meine Einkäufe.

Besonders stolz bin ich nicht darauf, muss aber zugeben, dass mich am Nachmittag eine gewisse Habgier packte. Ich erhöhte den Preis zunächst auf fünf, dann auf zehn Euro. Niemand protestierte. Die Leute zahlten ohne Widerspruch und waren glücklich, sobald sie ein Plätzchen hatten. Also setzte ich den Verkaufspreis auf fünfzehn und schließlich sogar auf zwanzig Euro pro Stück. Endlich mischte sich Oma ein und bremste mich: »Glaubst du nicht, das geht zu weit, mein Lieber?« Die herzensgute Oma! »Es ist doch nur ein bisschen Mehl und Butter und Zucker.«

»Und Liebe«, gab ich zu bedenken.

»Ja, aber die kostet ja nichts.«

Ich versprach ihr, den Verkaufspreis nicht weiter zu erhöhen. Zwanzig Euro für ein Plätzchen! Das war ohnehin ein unglaublicher Preis. Und wir hatten kaum Unkosten.

Um die Produktion zu erhöhen, besorgte ich am nächsten Vormittag zwei zusätzliche Backöfen. Da sie in der kleinen Küche keinen Platz fanden, ließ ich sie im Hausflur anschließen. Der Elektriker jammerte, dass das alles überhaupt nicht den Vorschriften entspräche. Nachdem ich ihm einen Keks schenkte, war er überzeugt davon, einer guten Sache zu dienen. Er zog Kabel vom Herdanschluss zum Flur und schloss die Öfen dort an.

3

Dank der weiteren Backöfen lief die Produktion auf Hochtouren. Vormittags besorgte ich die notwendigen Rohstoffe und half Oma, einen gewissen Plätzchenvorrat anzuhäufen. Nachmittags verkaufte ich die Kekse durch das Fenster, während Oma unermüdlich backte. Wie viel Geld wir in diesen Tagen verdienten, lässt sich nicht sagen. Wir verschwendeten keine Zeit damit, es zu zählen. Achtlos lagerten wir die Einnahmen in den Kartons, in denen ich Mehl, Zucker und Butter ins Haus geschleppt hatte.

Ich schrubbte gerade Backbleche sauber, da klingelte es an der Haustür. »Nanu? Wer mag dass sein?«, fragte Oma. »Kannst du bitte nachsehen, ich bin etwas unpässlich.« Sie zeigte mir ihre teigverschmierten Finger. Ich legte das Blech ab, trocknete mir rasch die Hände und ging zur Tür.

»Guten Tag, mein Name ist Berger. Ich komme vom Ordnungsamt.« Der Fremde hielt mir einen Ausweis unter die Nase. »Darf ich eintreten?«

Ich führte ihn in die Küche. Nachdem er sich Oma vorgestellt hatte, rief sie freudig: »Ach wie schön, Besuch! Kann ich Ihnen etwas anbieten? Eine Tasse Kaffee vielleicht und einen Keks?«

»Nein danke, sehr freundlich, aber ich möchte hier nur ein paar Dinge klären.«

Oma räumte eilig den Küchentisch frei und bot dem Gast einen Stuhl an. »Na, dann klären Sie mal«, forderte sie ihn lächelnd auf, wischte den Tisch feucht ab und setzte sich zu uns.

»Ist es richtig, dass Sie durch das Fenster heraus Backwaren veräußern?«

»Ja, natürlich, wollen Sie wirklich kein Plätzchen?«

»Nochmal: nein danke. Ich nehme grundsätzlich nichts an. Das könnte als Vorteilsnahme ausgelegt werden?«

»Als was, bitte?«

»Herr Berger glaubt, du möchtest ihn bestechen«, erklärte ich ihr.

»Ach, so ein Unsinn!«, entrüstete sich Oma. »Ich wollte nur freundlich sein.«

»Also: Ist es richtig, dass sie durch das Fenster heraus einen Handel mit Backwaren betreiben?«

Oma und ich nickten.

»Leider haben Sie versäumt, ein Gewerbe anzumelden. Und da Sie Lebensmittel produzieren, benötigen Sie auch ein Gesundheitszeugnis. Können Sie eines vorlegen?«

Oma und ich schüttelten die Köpfe.

»Als ich eben durch den Flur gegangen bin, sind mir die beiden Öfen aufgefallen. Ich bezweifle, dass die dortige Verkabelung vorschriftsmäßig ist.«

Herr Berger sah uns mit ernster Miene an. Offenbar erwartete er eine Antwort, eine Rechtfertigung oder irgendetwas.

»Hören Sie«, erklärte ich, »wir fingen ganz spontan mit dem Plätzchenhandel an. Gerne gebe ich zu, dass wir vielleicht die eine oder andere Vorschrift übersehen haben könnten. Verraten Sie uns doch, was wir benötigen und wir werden uns darum kümmern.«

»Ist das Ihr Ernst? Sie haben ›einfach so‹ mit Produktion und Handel begonnen?« Fassungslos kratzte er sich den Hinterkopf. »Ich sage Ihnen, was Sie brauchen: Sorgen Sie zunächst für eine technisch einwandfreie Produktionsstelle. Vernachlässigen Sie weder die hygienischen Voraussetzungen noch die Arbeitsplatzsicherheit. Und schon gar nicht den Brandschutz! In Hinblick auf die Elektronik kann ich Ihnen versichern, dass Sie momentan keine Genehmigung erhalten werden. Hier müssen Sie unbedingt nachbessern. Und melden Sie ordnungsgemäß ein Gewerbe an. Für die Herstellung von Lebensmitteln brauchen alle Beteiligten ein Gesundheitszeugnis. Und vor allem«, Herr Berger hob seine Stimme, »bevor Sie ein Unternehmen gründen, planen Sie das anständig. Das macht man nicht ›einfach so‹ und schon gar nicht ›ganz spontan‹.«

Ich stand auf und reichte ihm die Hand. »Vielen Dank. Wir werden uns so bald wie möglich um diese Dinge kümmern. Aber jetzt müssen wir an die Arbeit. Um 14 Uhr beginnt der Verkauf. Da will so mancher Keks vorher gebacken sein.«

Er ignorierte meine Hand und füllte ein Formblatt aus. »Das können Sie sich aus dem Kopf schlagen. Hiermit untersage ich Ihnen jeglichen Handel, bis Sie die notwendigen Voraussetzungen geschaffen haben.«

Er knallte einen Stempel auf das Formular, stand auf und verließ die Küche. »Danke, ich finde alleine hinaus«, rief er noch und war verschwunden.

»Tja, das war's dann wohl.«

»Jetzt dürfen wir nicht mehr verkaufen?«, fragte Oma.

»Nee, dürfen wir nicht. Erst wenn wir die notwendigen Papiere beisammenhaben. Und das kann dauern.«

»Schade, die Leute werden enttäuscht sein. Die warten doch schon alle.«

Oma sollte recht behalten.

Pünktlich um 14 Uhr öffnete ich das Fenster und rief in die Menschenmenge, dass aufgrund einer behördlichen Auflage der Verkauf nicht fortgesetzt werden könne. Die Leute antworteten mit Pfiffen und Buhrufen. Ich erklärte mein Bedauern, schloss das Fenster und ließ die Jalousie herunter. Kurz darauf donnerten die ersten Fäuste und Steine von außen gegen den Rollladen. »So ein Theater«, schimpfte Oma, »und das nur wegen ein bisschen Gebäck!« Die Polizei rückte an und verdrängte die empörte Menschenmenge.

Doch schon am nächsten Morgen sammelten sich wieder Leute vor dem Fenster. Obwohl ich einen Zettel angebracht hatte, auf dem deutlich zu lesen stand, dass der Verkauf bis auf weiteres eingestellt sei. Sprechchöre waren zu hören: »Wir wollen Kekse! Wir wollen Kekse …!« Das jaulende Geheul von Polizeisirenen fiel in den Lärm mit ein. Oma und ich saßen besorgt in der Küche. Als Lautsprecherdurchsagen die Leute aufforderten, friedlich nach Hause zu gehen, wagte ich, die Jalousie ein Stückchen nach oben zu ziehen. Wir sahen durch den Spalt hinaus. Behelmte Polizisten, erboste Bürger und vermummte Chaoten standen sich gegenüber. Auf die Durchsagen achtete niemand. Schließlich fuhren gepanzerte Wasserwerfer vor und die Straße wurde brutal und gnadenlos geräumt. Es dauerte aber nicht lange, bis die Leute zurückkehrten, nur um erneut vertrieben zu werden. Dieser Tumult wiederholte sich in den nächsten Tagen ständig. Statt Plätzchenduft hing nun der beißende Geruch von Tränengas in der Luft.

Oma und ich trauten uns nicht mehr, das Haus zu verlassen. Nachts schlief ich auf dem Sofa in der guten Stube, zwischen all den Kartons voller Geld, tagsüber saßen wir gemeinsam in der Küche. Ab und an sahen wir durch einen kleinen Spalt nach draußen. Dort tobte seit Tagen das Chaos. Dicker schwarzer Rauch stieg von brennenden Barrikaden auf, Steine und Brandsätze flogen durch die Luft, einige Autos lagen umgekippt auf der Straße herum und qualmten, auch Einsatzfahrzeuge der Polizei. »So ein Theater«, schimpfte Oma wieder, »und das alles nur wegen ein bisschen Gebäck!« Plötzlich zog ein Lächeln über ihr Gesicht. »Da fällt mir ein«, sagte sie, »wenn wir sie nicht verkaufen dürfen, können wir sie ebenso gut selber essen.« Sie stand auf und holte ein paar von den Keksen, drapierte sie auf dem Teller mit der Goldrand und bot sie mir an. »Du hast recht, Oma, was sollen wir hier Trübsal blasen? Danke.« Ich nahm mir ein Plätzchen. Nun konnte ich seinen Duft genießen, diesen gewöhnlichen und dabei einmaligen Duft. Langsam hob ich den Keks an die Nase, sog das Aroma ein und biss schließlich hinein. Und da war sie, die sinnliche Explosion, ein Geschmackserlebnis, das beglückender war als alles andere. Jetzt fühlte ich wieder, was Glückseligkeit war. Ich vergaß die Welt um mich herum und wusste: Das Leben, das Dasein ergab einen Sinn. All mein Denken, all mein Sein war Glück, war Liebe, war Frieden. Alles war Keks.

4

Die Plätzchen-Unruhen tobten schon seit fast zwei Wochen, als der Innenminister an der Haustür klingelte.

»Ich kenne Sie doch aus dem Fernsehen«, begrüßte Oma ihn erfreut.

»Äh, ja, das mag wohl angehen.« Er ruckelte verlegen an seiner Brille. »Darf ich eintreten?«

»Natürlich, gerne, nur herein!«

Oma, der Innenminister und ich setzten uns an den Küchentisch.

»Wir könnten in die Stube gehen, wenn Sie es wünschen«, plapperte Oma fröhlich. »Aber am liebsten bin ich doch in meiner Küche.«

»Ist schon recht, ist alles wunderbar«, versicherte der Minister.

»Und die anderen Herren? Mögen die nicht hereinkommen? Wir können ja zusammenrücken.«

»Das sind die Leibwächter, Oma, die sollen bestimmt die Haustür bewachen.«

»Aber das können sie auch von hier aus tun. Das wäre viel gemütlicher. Wollen Sie die Herren nicht hereinbitten?«

»Nein danke«, antwortete der Minister höflich, »ich möchte möglichst vertraulich mit Ihnen reden.«

»Na, was haben Sie denn auf dem Herzen?«

Der Besucher seufzte.

»Mögen Sie eine Tasse Kaffee? Oder ein Plätzchen?«

»Ach ja, wieso nicht?«

»Mein Lieber«, wandte Oma sich an mich, »könntest du bitte …«

»Gerne.« Ich stand auf und stellte die Kaffeemaschine an.

»Die Situation hier vor Ort ist äußerst angespannt, wir tun alles für eine Deeskalation, für eine friedliche Lösung …«

Ich platzierte die Keksdose auf den Tisch.

»Ach, hol doch bitte auch noch den kleinen Teller aus dem Schrank, den mit der Goldrand.«

Ich reichte ihn ihr und sie ordnete sorgfältig ein paar Plätzchen darauf an.

»Wie gesagt, diese bürgerkriegsähnlichen Zustände sind meines Erachtens …«

Als ich die Becher auf den Tisch stelle, runzelt Oma missbilligend die Stirn.

»Da müssen doch noch passende Tassen sein.«

Sie stand auf, ging zum Schrank und suchte das richtige Geschirr heraus. Von draußen drangen wieder Sprechchöre und Sirenengeheul in die Küche.

»Möchten Sie Milch und Zucker?«, fragte meine Oma den Innenminister, als endlich die Kaffeetafel hübsch eingedeckt war.

»Gerne Süßstoff.«

»Ach, das tut mir leid. Damit kann ich nicht dienen.«

»Dann bitte nur etwas Milch.«

Nachdem wir alle drei mit Kaffee versorgt waren, sagte Oma zum Innenminister: »So, nun schütten Sie Ihr Herz aus, was können wir für Sie tun?«

Ganz in der Nähe knallte ein Schuss oder ein Feuerwerkskörper. Leute schrien. Das Geratter von Hubschraubern war zu hören. Und immer wieder Sirenen und Lautsprecherdurchsagen.

»Verehrte gnädige Frau«, platzte es aus dem Minister heraus, »die Not führt mich zu Ihnen, die pure hilflose Not! Sie hören, was da draußen los ist. Es herrscht Chaos! Es ist nur eine Frage der Zeit, bis wir die ersten Toten zu beklagen haben werden. Ich stehe am Ende meiner Macht. Ich sehe keinen anderen Weg als Sie zu bitten … Könnten Sie sich vorstellen, den Kekshandel wieder aufzunehmen?«

Eine Sirene jaulte vor dem Küchenfenster und ein Lächeln zog über Omas Gesicht. »Was denkst du, mein Lieber, wollen wir?«

»Klar, aber was ist mit dem Ordnungsamt? Und den Gesundheitszeugnissen?«

»Das ist alles geklärt«, rief der Minister erleichtert dazwischen, »ich habe bereits eine

Sondergenehmigung erlassen.« Er griff ein Plätzchen und hielt es zwischen Daumen und Zeigefinger etwas theatralisch in die Höhe. »Dieses ist kein Lebensmittel im herkömmlichen Sinne, es ist ein Kunstwerk, ein Friedensstifter. Und es liegt im Interesse des Volkes ... im Interesse der staatlichen Sicherheit ...« Er schnupperte und fing an zu stammeln. »Ich meine ... überwindet Hass und ... äh ... Gewalt ... sozusagen ...«

Nun führte er das Plätzchen direkt unter seine Nase, schloss beseelt die Augen und sog den Duft ein, langsam, ganz langsam öffnete er den Ministermund und biss hinein.

Eine Weile saß er schweigend und glücklich grinsend auf dem Küchenstuhl. Nachdem er endlich doch noch gegangen war, nicht ohne Oma und mir zu versichern, dass er auf jeden Fall wiederkommen wolle, klatschte Oma unternehmungslustig in die Hände. »Los geht's, wir haben lange genug müßig herumgesessen. Mach auf, ich sorge für Nachschub.« Sie räumte rasch das Kaffeegeschirr vom Tisch und suchte die Backsachen zusammen.

Als ich das Fenster öffnete, blickte ich ins Chaos. Vermummte Gestalten brachen Steine aus dem Gehweg, andere schleppten herausgerissene Gartenzäune, Autoreifen und Sperrmüll heran und warfen den Kram auf die brennenden

Barrikaden. Dem Pulk standen behelmte Polizisten mit Schutzschildern gegenüber. Lautsprecherdurchsagen forderten dazu auf, den Platz zu verlassen. Hubschrauber kreisten ratternd über allem. Direkt vor mir schwang eine schwarz vermummte Gestalt einen Baseballschläger und krakeelte fortwährend: »Bullenschweine! Bullenschweine!«

Oma trat zu mir an das Fenster, sah hinaus und schüttelte missbilligend den Kopf.

»Wir verkaufen wieder!«, rief sie dem Schreihals zu. Der hörte sie jedoch nicht in all dem Lärm und skandierte unbeirrt: »Bullenschweine! Bullenschweine!«

»Wir verkaufen wieder!«, rief Oma etwas lauter. Er ließ seine Keule sinken, sah uns ungläubig an. Zunächst ging der Tumult unvermindert weiter, doch bald hatte sich die freudige Nachricht herumgesprochen. Es entstand eine neue Schlange vor Omas Küchenfenster, die ständig wuchs. Daneben beseitigten Einsatzfahrzeuge von Polizei und Feuerwehr die Spuren des Volksaufstandes.

Kurze Zeit später lief das Geschäft wie vor den Unruhen. Vormittags half ich Oma in der Küche, nachmittags kümmerte ich mich um den Verkauf, während Oma fleißig ihre Plätzchen backte.

5

Der Innenminister hielt Wort und kam wieder. Er klingelte an der Tür und fragte höflich nach einem Keks. Freundlich, aber bestimmt bat Oma ihn, sich wie alle anderen anzustellen und geduldig zu sein, bis er an die Reihe käme. Scheinbar schreckte ihn das nicht ab, er stellte sich brav hinten an. Und offensichtlich erzählte er seinen Politiker-Kollegen von diesem wunderbaren Gebäck, denn schon bald wurde auch weitere Prominenz vor dem Küchenfenster gesichtet. Die Bundeskanzlerin, der spanische Außenminister, der französische Regierungschef und schließlich sogar der amerikanische Präsident. Erst später erfuhr ich, dass die meisten von ihnen versucht hatten, sich die Plätzchen von Untergebenen besorgen zu lassen. Das funktionierte in der Regel aber nicht, denn die Einkäufer konnten der Versuchung nicht widerstehen und genossen selber die Kekse, die sie für ihre Dienstherren beschaffen sollten. Auch Berühmtheiten aus Kunst und Kultur reisten für Omas Gebäck an. Schauspieler, Musiker, Stars und Sternchen, sie kamen alle und stellten sich brav hinten an, mischten sich unter das normale Volk.

Bevor meine Beurlaubung endete, reichte ich bei der Arbeit die Kündigung ein. Zwar hatten wir noch immer keine Zeit gehabt, all das Geld zu zählen, aber es war deutlich zu sehen, dass wir nun reich waren. Überall, außer in der Küche, stapelten sich die Kartons mit Bargeld. Wir würden nie wieder eine Arbeit machen müssen, zu der wir keine Lust hatten. Und eines Tages war es dann so weit. Oma sagte zu mir: »So, mein Lieber, ich habe keine Lust mehr.«

»Ja, mir reicht es auch. Was sollen wir mit dem vielen schönen Geld, wenn wir doch nur den ganzen Tag deine Plätzchen unters Volk bringen?«

Allerdings waren wir uns einig, dass wir nicht einfach so aufhören konnten, das würde wieder neue Unruhen provozieren. Wir mussten da geschickt vorgehen. Also planten wir unseren Ausstieg sorgfältig.

Als ich am nächsten Morgen die Zutaten einkaufte, holte ich gleich auch ein paar Kartons gewöhnliche Kekse aus dem Supermarkt. Diese mischten wir dann heimlich unter Omas Plätzchen. So gab es am folgenden Nachmittag bei einigen Kunden eine Enttäuschung.

»Und was soll an dem Keks nun besonders sein?«

»Hm, und dafür stand ich so lange an?«

»Was die Leute so reden, der schmeckt nicht ungewöhnlich.«

»Nochmal komme ich nicht her!«

Am nächsten Tag brachten wir noch mehr Supermarktware unter das Volk. Und schließlich verkauften wir ausschließlich ganz gewöhnliche Plätzchen. Weiterhin für 20 Euro pro Stück. Es war kein Wunder, dass bald niemand vor Omas Küchenfenster anstand.

Heute wohnen wir in einer kleinen Ortschaft bei Bremen. Direkt nach einer wunderschönen Busreise durch Italien haben wir uns hier ein altes Bauernhaus gekauft. Vor dem Küchenfenster geht der Fußweg entlang. Immer wieder kommen Spaziergänger und die neuen Nachbarn vorüber. Oma liebt es, mit ihnen zu plaudern. Noch immer haben wir die Taschen voller Geld. Wahrscheinlich werde ich nie wieder arbeiten müssen. Und so habe ich nun den ganzen Tag Zeit, mir Geschichten auszudenken, die niemand hören will, niemand außer Oma.

Holz

Johannes war wütend. Er stapfte durch das braune Laub hin und her. Das hier war sein Wald. Die Erbpacht hatte er vom Vater übernommen. Und der hatte sie von seinem Vater. Jetzt, da der Wald endlich reif für den Kahlschlag war, sollte er plötzlich kein Anrecht mehr auf ihn haben? Ausgerechnet der Hang mit den wertvollsten Bäumen, mit den schönsten Eichen sollte nun plötzlich Wolfram gehören? Das war doch Betrug! Jemand musste heimlich den Grenzstein versetzt haben. Und das kann nur Wolfram gewesen sein. Um die Angelegenheit direkt vor Ort zu klären, hatte er sich hier mit ihm verabredet. Johannes schlug mit der flachen Hand gegen einen Eichenstamm.

»Meins!«, rief er. »Meins! Meins! Meins!«

Er klatschte zornig die schönsten Eichen ab, drehte sich um, krampfte die Hände hinter dem Rücken ineinander und schlurfte durch das Laub. Wolfram, der Betrüger, der Grenzsteinversetzer musste nun bald kommen. Der sollte ihm mal schön erklären, wie diese Sauerei zustande gekommen war. Das würde er sich nicht bieten lassen. Wolfram konnte doch unmöglich glauben, damit gegen ihn durchzukommen! Das konnte er doch nicht ernsthaft glauben! Um Johannes über den Tisch zu ziehen, brauchte es mehr, als bei Nacht und Nebel den Grenzstein zu versetzen. Da sollte er ihm lieber als Mann gegenübertreten. Johannes lachte spöttisch in sich hinein. Oder Wolfram müsste ihn verzaubern, da er sich ja sowieso dauernd mit der Dorfhexe abgab. Abrupt blieb er stehen. Wo blieb dieser Lump bloß? Johannes massierte sich den Nacken. Er fühlte sich ein wenig steif, so als habe er Zug abbekommen. Besser wäre es, wenn es zu keiner Schlägerei käme, wenn Wolfram sich einfach damit abfände, dass die Eichen ihm, Johannes, gehörten. Er wäre bereit, sich zu versöhnen, wenn Wolfram den Grenzstein einfach wieder an die richtige Stelle setzen würde. Er könnte ihn sogar auf ein kühles Bier in die Schenke einladen. Dort würden sie dann gemeinsam über die ganze Angelegenheit lachen. Langsam dämmerte es und die Abendluft wurde feucht. Seine Wut kühlte allmählich ab und er war es leid, auf und ab zu gehen. Vielmehr blieb er einfach stehen und verschränkte die Arme. Irgendwann würde Wolfram schon noch kommen. Johannes hasste es, zu warten. Erst recht wenn er das Gefühl hatte, jemand wolle ihn übervorteilen. Aber nun, im anbrechenden Abend, ebbte seine Wut etwas ab. Sein Zorn versickerte im Waldboden und Johannes fühlte eine merkwürdig hölzerne Ruhe und Geduld in sich aufsteigen. Beinahe genoss er es, in der anbrechenden Nacht herumzustehen – reglos, still. Er stand einfach nur wie angewurzelt da.

Als die Sterne am Himmel zu funkeln begannen, begrüßte er sie mit einem stummen Lächeln. Johannes kannte sich selbst kaum wieder. Er fühlte nur noch Ruhe, Kraft und Zeit. Dass Wolfram nicht zur Verabredung gekommen war, machte ihm inzwischen nichts mehr aus. Johannes blieb die ganze Nacht stehen und als der Morgen dämmerte, wurde er von tausend Vogelstimmen begrüßt. Dass Wolfram den Grenzstein versetzt hatte, interessierte ihn nicht mehr. Es war ihm gleichgültig.

Als die Mittagssonne am Himmel strahlte, dachte Johannes, es sei an der Zeit, nach Hause zu gehen. Er entschied sich dann aber doch dagegen. Lieber blieb er hier stehen und atmete den erdigen Duft des Waldes. Was sollte er zu Hause? Was sollte er im Dorf? Wozu sollte er irgendwo hingehen? Hier fühlte er sich wohl. Hier könnte er bis in alle Ewigkeit bleiben. Ein sanfter Windhauch fuhr in das Laub der Bäume und spielte raschelnd mit den Blättern. Der Grenzstein und das Dorf waren nicht mehr wichtig. Die Familie und der Hof, all das hatte keine Bedeutung mehr für ihn.

Am Nachmittag setzte sich ein Rotkehlchen auf seine Schulter. Johannes versuchte, seinen Kopf zum Vogel zu drehen, aber es gelang ihm nicht, sein Nacken war zu steif. Also ließ er es bleiben. Das Vögelchen pickte ihm am Ohr herum. Das kitzelte zwar, doch Johannes rührte sich nicht.

Ein paar Tage später stellte er überrascht fest, dass an seinen Fingerspitzen ein zartes Grün hervorbrach. Das freute ihn. Er fühlte den Frühling. Frischer Regen rieselte zart auf seine Rinde und versickerte im herben Waldboden. Nachdem aus dem blassen Grün kräftiges Laub geworden war, kamen Menschen mit Sägen und Äxten und fällten die Eichen. Das tat Johannes leid um die stillen, freundlichen Gefährten. Es war so schön gewesen, sie anzuschauen, ihrem Blätterrauschen zu lauschen. Johannes hatte das Gefühl, schon immer mit ihnen im Wald gestanden zu haben, bei Wind und Wetter, bei Regen und bei

Sonnenschein. Es waren seine Freunde. Seine Brüder und Schwestern. Er hatte sie lieb gehabt.

Ihm selber taten die Männer nichts. Johannes vermutete, dass er einfach noch zu jung war.

Nach der Abholzung wurden frische Setzlinge gepflanzt. Freundlich und geduldig sah Johannes ihnen beim Wachsen zu. Bald war er von einem neuen Wald umgeben. Gelegentlich bauten Vögel Nester in seinen Ästen, gelegentlich kamen Menschen vorbei und plapperten irgendwelche Belanglosigkeiten. Bäume wurden abgeholzt und neue gepflanzt. Eines Tages wurde ein Spazierweg angelegt. Der führte direkt an Johannes vorbei. Darüber wunderte er sich kurz, aber weiter interessierte es ihn nicht. Wichtiger war es, dazustehen und die Luft, den Himmel und die Zeit zu spüren.

Ein paar Jahre später wurde ein Schild vor ihm aufgestellt. Oft gingen Menschen den Weg entlang. Einige von ihnen lasen das Schild, andere nicht. Eines Tages kamen zwei Menschen mit einem kleinen vorbei, mit einem menschlichen Setzling. Sie blieben vor dem Schild stehen und der kleine las den größeren Menschen vor, was dort geschrieben stand:

»Die tausendjährige Eiche

Der Legende nach stritten sich einst die Pächter Johannes und Wolfram um ein Stück

Wald. Der böse Wolfram ließ sich von einer Hexe einen magischen Trank brauen. Mit diesem besprenkelte er heimlich den edlen und herzensguten Johannes und verzauberte ihn so in eine Eiche.

Wolfram, der Bösewicht, gewann durch diese List den Wald, sollte aber seines Lebens nicht mehr froh werden. Trotz seines Reichtums starb er einsam, traurig und an der Seele krank.

Auch die Hexe fand ein elendes Ende. Sie wurde auf einem Scheiterhaufen aus Eichenholz verbrannt.«

Johannes interessierte sich nicht für diese Geschichte. Sie ging ihn nichts an. Er fühlte lieber den Wald, den Frieden und die Zeit.

Elvira

1

Frieda ließ den Blick über das Wasser der Weser schweifen. Sie saß oft hier. Mindestens einmal am Tag. Auch wenn es regnete. Konnte sie nicht schlafen, kam sie sogar nachts hierher. Meistens spazierte sie die Wilhelm-Kaisen-Brücke entlang, stieg die Treppe zum Flussufer hinunter, setzte sich für eine Weile auf ihre Bank. Zurück nahm sie den Weg über den Teerhof.

Als Joachim noch lebte, waren sie oft zu zweit hergekommen. Hatten gemeinsam auf der Bank gesessen und Händchen gehalten. Vor sich die träge dahinfließende Weser und im Rücken die ehemalige Kaimauer, über der das Gebäude von »Kühne & Nagel« aufragte. Das war »seine« Firma gewesen.

Frieda wurde aus ihren Gedanken geschreckt. Ein Mann schob schwankend ein Fahrrad den Weg entlang. Ohne diese Gehhilfe würde er wahrscheinlich umkippen.

Sie wich dem Blick aus, sah zum Himmel. Sterne waren nicht zu sehen. Es war ein milder Abend. Sie hätte den warmen Mantel nicht anziehen müssen. Aber das konnte man vorher nie wissen. Sie fror so leicht.

Als der Betrunkene vorüber war, sah sie wieder auf die Weser. Joachim hatte das Wasser geliebt. Früher wäre er gerne zur See gefahren. Sie war froh gewesen, dass er stattdessen bei ihr in Bremen geblieben war. Was hätte sie mit einem Mann anfangen können, der nie da war?

Als er endlich in Rente ging, kippte er um und war tot.

Frieda war plötzlich allein. Allein im Leben und auch auf der Bank.

In den ersten Jahren versuchte sie sich damit zu trösten, dass ein geliebter Mensch fortbesteht, solange man ihn sich im Herzen bewahrt. Inzwischen sah sie das anders. Wie sollten die Toten in Frieden gehen können, wenn sie festgehalten wurden? Es war egoistisch, sie in Herzen zu sperren.

»Alter, ich sag es dir: Das war so 'n schwarzer Affe, so 'n King Kong!«

Zwei Männer und eine Frau torkelten den Weg entlang.

»Du bist auch so 'n King Kong. Bist doch nicht ganz dicht!«

Nachdenklich sah Frieda den Dreien hinterher. Würde sie in eine Kneipe wollen, müsste sie alleine gehen. Die Freunde, die sie einst hatte, waren alle tot. Eine unangenehme Nebenerscheinung des Alterns.

2

Während Frieda ihren Gedanken nachhing, lungerte ein abgerissener Typ in der Nähe im »Feldmann's« an der Theke rum und ließ sich volllaufen. Er hatte lange fettige Haare und trug eine Lederjacke mit Fransen. Für Freunde hieß er »der Indianer«. Hier in der Kneipe nannte ihn niemand so. Es saßen zwar ein paar Leute rum, aber die redeten nicht mit ihm. Eine schmierige Bahnhofskneipe wäre ihm lieber. Hier war alles so sauber, nichts klebte. Da musste er ja Angst haben, irgendetwas anzufassen. Er war der Einzige in fleckiger Jogginghose und fransiger Jacke. Und als er die Nase mit dem Ärmel abwischte, wurde er komisch angesehen. Er starrte ins Bier und glaubte, im Hinterkopf eine magische Melodie zu hören. Es war fast so, als habe er einen singenden Zwerg im verdammten Schädel sitzen. Diese seltsame Musik setzte manchmal ein, wenn es Ärger oder Probleme gab. Und soeben hatte er einen gewaltigen Schock erlitten. Den Schock seines Lebens sozusagen.

Gegen Mittag hatte er einen kleinen LKW gestohlen. Als der Indianer gesehen hatte, dass der Schlüssel noch steckte, war er ohne lange nachzudenken eingestiegen und losgefahren. Einfach so. Planlos und prächtig gelaunt war er stundenlang über endlose Straßen gerast, bis die Tankanzeige aufleuchtete. Er hatte keine Ahnung, wo er war. Kurzentschlossen hatte er den Laster in eine Seitenstraße gelenkt und geparkt. Halb auf dem Gehweg. Er wollte nachsehen, was er geladen hatte. Es war ihm schwergefallen, die Verriegelung des Frachtraumes zu lösen, aber schließlich ließen sich die schweren Eisenklappen öffnen. Nachdem seine Augen sich an die Dunkelheit im Wageninneren gewöhnt hatten, konnte er eine massige Gestalt erkennen. Ein unheimliches Grummeln war zu hören gewesen. Dieses »Etwas« – es war kein Mensch, es war kein Tier – hatte bedrohlich gebrummt, riesige, gelbe Reißzähne gezeigt und war langsam auf ihn zugekommen.

So schnell er konnte, war der Indianer fortgelaufen.

Nun saß er an der Theke und versuchte sich zu beruhigen. Hier gab es Licht. Hier gab es Leute.

Hier gab es Bier. Es gab zwar nichts zu kiffen, aber dafür ein wenig Schutz vor dem »Ding« da draußen. Er kippte sich die letzte Pfütze aus dem Glas in den Hals, unterdrückte einen Rülpser und bestellte ein Pils und ein Korn.

Eine knappe Stunde später, endlich benebelt, legte der Indianer zwei zerknüllte Scheine auf den Tresen, nuschelte »Stimmt so« und verließ das Wirtshaus. Auf dem Weg zum Laster überlegte er, wie und wo er das gestohlene Monster zu Geld machen könnte. Bevor er sein Ziel in der Langenstraße erreichte, sah er, dass die Ladeluken des Fahrzeugs offen standen. Er klappte den Mund überrascht auf und wieder zu, ging ein paar Schritte rückwärts, drehte sich langsam um und rannte so schnell und so weit er konnte.

3

Frieda saß auf ihrer Bank und dachte darüber nach, ob sie nicht doch an einem Seniorenangebot teilnehmen sollte. Sie könnte am Sonntag zum Tanztee, ins Konzert oder zu einem Spielenachmittag gehen. Es wäre schön, nette Leute kennenzulernen und sich zu unterhalten. »Ich glaube, ich mache morgen Kartoffelpuffer«, wechselte sie in Gedanken das Thema. Die hatte sie lange nicht mehr gegessen. Für sich alleine kochte sie ungern, aber wenn sie an frische Reibekuchen dachte, bekam sie Appetit. Die hatte Joachim auch so gerne gemocht. »Ob noch ein Glas Apfelmus im Schrank steht?« Frieda wusste es nicht genau. Sie wollte zu Hause gleich nachsehen. Noch vor dem Schlafengehen.

Der Abend ging langsam in die Nacht über. Es waren nur noch wenige Leute unterwegs. Hier unten an der Weser war schon eine ganze Weile niemand mehr vorbeigekommen. Oben auf der Wilhelm-Kaisen-Brücke fuhren weiterhin die Autos vorüber, als sollten sie nie zur Ruhe kommen. Aus weiter Ferne klang das Heulen einer Polizei- oder Feuerwehrsirene. Es war an der Zeit heimzugehen. Falls sie zu Hause kein Apfelmus hatte, würde sie eben morgen früh einkaufen müssen. Sie erhob sich, reckte und streckte die alten Knochen, wollte losgehen und blieb doch wie angewurzelt stehen. Eine dunkle Gestalt versperrte ihr den Weg. Sie war etwas kleiner als Frieda. Das unheimliche Wesen ging ihr knapp bis an die Schulter, was daran liegen konnte, dass es gebückt dastand. Die langen Arme reichten bis auf den Boden und stützten den schweren, massigen Körper, der mit einem schwarzen Fell bewachsen war.

»Oh Gott!«, stöhnte sie. »Ein Gorilla!«

Ängstlich war sie nicht, aber sie hatte sich doch erschrocken. Es war ihre erste Begegnung mit einem Menschenaffen. Sie hatte keine Ahnung, wie man mit so einem Lebewesen umgehen sollte. Überhaupt war sie den Umgang mit Tieren nicht gewohnt.

»Guten Abend«, grüßte Frieda etwas hilflos.

Der Primat grüßte nicht zurück, musterte sie bloß skeptisch von oben bis unten.

»Magst du einen Bonschen?«

Sie kramte in ihrer altmodischen Handtasche, fand einen Eukalyptusbonbon und reichte ihn dem Tier. Der Gorilla schnupperte neugierig daran, riss das grüne Papier auf und zerbiss krachend den Inhalt.

»Das ist schlecht für die Zähne«, belehrte sie ihn. »Bonschen muss man lutschen.«

Das Tier schien sich für diesen Hinweis nicht zu interessieren. Es saß wohlig brummend auf dem Boden und roch an dem Bonbonpapier.

»Du schnurrst ja wie ein Kätzchen«, bemerkte Frieda entzückt.

Vorsichtig kraulte sie den Menschenaffen hinter den Ohren, woraufhin dieser genüsslich die Augen schloss.

»Tja, hier kann ich dich nicht lassen. Ich werde besser die Polizei rufen.«

Der Gorilla schnurrte weiter.

»Ich kann dich doch nicht mitnehmen.«

Da öffnete er die Augen und blickte Frieda treuherzig an.

»Na gut, du kannst mit zu mir kommen«, gab sie nach und setzte mahnend hinzu: »Aber mach keinen Unfug.«

Er brummte freundlich.

Sie zog den warmen Mantel aus und legte ihn dem Tier um die Schultern. Zwar war der Gorilla etwas kleiner als sie, dafür beinahe doppelt so breit. Der Mantel bedeckte die Muskelmassen nur notdürftig. Frieda wickelte ihr Halstuch um den mächtigen schwarzen Kopf.

Auf dem Weg nach Hause ermahnte sie das Tier, auf den Hinterbeinen zu laufen und die Arme eng am Körper zu halten. Zunächst begriff der Gorilla nicht, was sie von ihm wollte, doch als sie mehrmals seine starken Arme nahm, sie sanft in die gewünschte Position rückte, tat er, was sie verlangte. Wenn er auch alle paar Meter daran erinnert werden musste.

Auf dem Teerhof begegneten sie einem Mann mit Glatze. Er gaffte sie an und rief entgeistert aus. »Das ist ja ein Gorilla!«

»Frechheit!«, fuhr Frieda entrüstet den Fremden an, »Sie sind kein bisschen hübscher als meine Freundin!«

Sie zog den Menschenaffen mit sich und endlich erreichten sie die kleine Dachgeschosswohnung in der Rolandstraße. Friedas Gast schlief auf dem Sofa im Wohnzimmer ein und sie selber legte sich ins Bett.

4

Am Vormittag bestand sie darauf, dass der Gorilla ein Bad nahm.

»Mein Lieber, ich muss dir leider sagen, du riechst etwas streng.«

Während das Tier im Fichtennadelschaumbad planschte, stand Frieda am Herd und briet Kartoffelpuffer. Im Küchenschrank hatte sie ein Glas mit Apfelmus gefunden. Als die Puffer fertig waren, deckte sie den Tisch ein, stellte die Reibekuchen warm und lockte den Gorilla mit einem Eukalyptusbonbon aus der Wanne.

»Eigentlich gehört es sich ja nicht, direkt vor dem Essen zu naschen.«

Sie lächelte den Gast an. Und es schien ihr, als würde er das Lächeln erwidern.

»Ich glaube, ich nenne dich Joachim. So hieß mein verstorbener Mann und du brauchst ja einen Namen, nicht wahr?«, plapperte Frieda fröhlich, während sie das brummende Tier mit einem Handtuch abrubbelte.

»Ich finde, das passt zu dir. Mein Gatte hat auch gerne vor den Mahlzeiten genascht. Und genauso gelächelt wie du.«

Nun griff sie zum Föhn und trocknete ihm das Fell.

Dem Gorilla schmeckten die Reibekuchen vorzüglich. Ein beachtlicher Pufferberg war verschlungen, bevor einer von den beiden satt war.

»Tja, ich glaube, ich muss noch zu Ehlen. Das ist der Kaufmann.«

Der Gorilla kratzte sich unfein zwischen den Beinen.

Missbilligend sah Frieda dabei zu, errötete und stellte fest: »Joachim ist wohl doch nicht so passend. Ich werde dich Elvira nennen. Das ist auch ein schöner Name. Das klingt wie eine Prinzessin oder eine Ballerina, findest du nicht auch?«

Gut gelaunt räumte sie die Küche auf und wischte den Fußboden im Bad. Anschließend zog sie »Brehms Tierleben« aus dem Bücherregal. Dort las sie alles über Gorillas, während ihr Schätzchen auf dem Sofa im Wohnzimmer zufrieden schnarchte.

5

Frieda beeilte sich beim Einkaufen. Zwar schlief Elvira süß und friedlich wie ein Baby, trotzdem wollte sie das Tier nicht zu lange unbeaufsichtigt lassen. Hastig packte sie so viel frisches Obst und Gemüse ein, dass sie es nicht alleine tragen konnte. Also nahm sie sich für den Heimweg ein Taxi. Der Fahrer war so freundlich und schleppte die vollen Kartons bis vor die Wohnungstür. Hinein wollte sie ihn nicht lassen. Lieber trug sie selber die Ware die letzten Schritte in die Küche.

Als sie die Tür öffnete, erwartete sie eine unangenehme Überraschung: Elvira hatte in den Flur gekackt.

»Das gibt es doch nicht!« Verärgert schüttelte Frieda den Kopf. »Eine Prinzessin macht sowas nicht!«

Missmutig brachte sie den Haufen mit dem Kehrblech zum Klo.

»Sieh her, hier gehört das rein«, schimpfte sie.

Elvira sah ihr zu und popelte ungerührt in der Nase. Nachdem der Boden gereinigt war, trug Frieda die Einkäufe in die Küche. Der Gorilla folgte ihr und griff nach einem Bund Möhren.

»Finger weg!« Sie gab ihm einen Klaps auf die Hand. »Wir essen nachher.«

Am Nachmittag hockte die Gorilladame sich in den Flur. Sie sah so aus, als habe sie vor, ihr Geschäft zu verrichten.

»Dort ist das WC!« Frieda zeigte mit strenger Miene zur Toilettentür.

Elvira runzelte die Stirn und bewegte sich zögernd in die angewiesene Richtung. Frieda ging ihr nach. Als das Tier ratlos vor der Kloschüssel stand, schob Frieda die Gorillahüfte mit sanftem Druck in die richtige Position. Nach erfolgreichem Geschäftsabschluss belohnte sie den Gorilla mit einem Eukalyptusbonbon.

»Das ist nicht gut für die Zähne«, belehrte sie ihre haarige Freundin, als diese die Süßigkeit krachend zerbiss. »Bonschen muss man doch lutschen.«

Dabei lächelte sie freundlich und kraulte Elvira hinter den Ohren.

Von nun an benutzte das Tier die Toilette sehr zuverlässig und nach Menschenart. Jedes Mal erhielt es ein Bonbon zur Belohnung.

Nach dem Frühstück am nächsten Morgen las Frieda in der Zeitung, dass in Hamburg ein LKW mit einem lebenden Gorilla gestohlen worden war. Das Fahrzeug war in Bremen wiedergefunden worden. Von dem Menschenaffen fehlte jedoch jede Spur.

»Sieh an, Elvira, du stehst im Weser-Kurier.«

Weiter las sie, dass der Primat eine ernste Bedrohung darstelle. Dem Zoobewohner fehle die natürliche Scheu vor Menschen, dennoch sei er ein wildes Tier. Sollte jemand den Gorilla sehen, müsse umgehend die Polizei eingeschaltet werden. Spezielle Einsatzkommandos seien vor Ort auf der Suche.

»Na sowas, die schreiben hier, dass du gefährlich bist.« Missbilligend schüttelte sie den Kopf. »Möchtest du ein Tässchen Kaffee?«

Doch Elvira lag schon schnarchend auf dem Sofa und hielt ihr Vormittagsschläfchen.

In den nächsten Tagen traf Frieda beim Einkaufen ständig auf dunkel gekleidete, schwer bewaffnete Einsatzkräfte der Polizei. Nach einiger Zeit jedoch immer seltener und schließlich gar nicht mehr.

In der Zeitung war zu lesen, dass das Tier vermutlich in die Weser gefallen und dort ertrunken sei. Und irgendwann geriet dieses Thema in Vergessenheit.

In der Dachgeschosswohnung zog allmählich der Alltag ein. Jeden Vormittag hielt der Gorilla nach dem Bad ein Schläfchen, und Frieda brachte inzwischen die Wohnung in Ordnung. Nachmittags unterhielten sie sich. Eine Zeitlang versuchte Frieda, der tierischen Freundin

Mensch-ärgere-dich-nicht beizubringen. Doch Elvira verlor bald die Lust und zerkaute die Figuren. Ansonsten benahm sie sich meistens fast wie eine Dame. Abends saßen die beiden gerne gemeinsam vor dem Fernseher. Der Gorilla trank dabei ein oder zwei Flaschen Bier und knabberte ein paar Eukalyptusbonbons. Elvira sah am liebsten Tierdokumentationen oder Musikshows. Frieda bevorzugte Serien oder das Kulturprogramm. Sie wurden sich jedoch immer einig.

Sobald der Primat anfing zu schnarchen, schaltete Frieda das Fernsehgerät und das Licht aus und ging ebenfalls zu Bett.

6

Mit dem Kaufmann handelte Frieda aus, dass er ihr täglich eine Kiste mit frischem Obst, Gemüse, Eukalyptusbonbons und zwei Flaschen Bier an die Haustür brachte. Natürlich wunderte Herr Ehlen sich über diese Dauerbestellung. Sie war schon bei seinem Vater Kundin gewesen und hatte nie so viel Ware benötigt. Als er sie darauf ansprach, antwortete sie, dass sie neue Freunde habe, die eigentlich immer hungrig seien. Wenn er damit überfordert sei, würde sie sich an ein anderes Geschäft wenden. Herr Ehlen fragte nicht weiter nach, räumte ihr einen großzügigen Preisnachlass ein und versprach pünktlich und zuverlässig zu liefern.

Sie bekam eine gute Rente und hatte noch einige Ersparnisse. Der Unterhalt eines ausgewachsenen Gorillas war nicht gerade billig. Elvira hatte einen gesunden Appetit und Frieda war froh, dass Gorillas, wie sie aus »Brehms Tierleben« gelernt hatte, reine Vegetarier waren. Zum Glück musste sie also dem Tier keine Fleischberge besorgen.

Elvira wurde im Laufe der Zeit immer dicker. Frieda sah es zunächst als ein Zeichen an, dass es der Freundin bei ihr gutgehe. Als der Primat allerdings so üppig zugenommen hatte, dass ihm die Couch zu klein wurde, fand Frieda, dass es ihrem Zögling an Bewegung fehle. Vielleicht sollte sie mal mit ihr an der frischen Luft spazieren gehen. Bei schlechtem Wetter und in Dunkelheit waren draußen meistens nicht viel Leute unterwegs.

Nachdenklich musterte Frieda den fetten Gorilla auf dem zierlichen Sofa und schüttelte langsam den Kopf. Es war zu riskant. Wenn jemand das Tier im Dunkeln sehen würde, könnte das eine Panik auslösen. Möglicherweise würde ihre Ballerina von übereifrigen Sicherheitsbeamten sogar erschossen werden. Auf das Risiko wollte sie sich nicht einlassen. Sie durfte ihr Schätzchen keiner Gefahr aussetzen. Stattdessen machten sie nun jeden Nachmittag Gymnastik. Elvira war nur bereit, weil Frieda sie mit Bonschen bestach. Und die abendlichen Eukalyptusbonbons auf dem Sofa wurden streng rationiert.

Nach wenigen Tagen hatte sie den Eindruck, der Gorilla habe etwas abgenommen. Gerne hätte sie das überprüft, doch die Waage im Bad reichte nur bis 150 Kilo. Das war bei weitem nicht ausreichend.

7

Die beiden lebten nun drei Jahre zusammen in Friedas Dachgeschosswohnung in der Rolandstraße. Das Sofa war für Elvira schon lange zu klein. Das benutzte sie nur noch als Rückenlehne, wenn sie auf dem Fußboden auf einer Matratze lag und fernsah. Frieda saß dann auf der Couch und kraulte den Gorilla hinter den Ohren.

In letzter Zeit war sie nachdenklich geworden. Es bereitete ihr zunehmend Mühe, die gemeinsame Wohnung in Ordnung zu halten und für ihr Schätzchen zu sorgen. Sie war oft müde und erschöpft. Sie fühlte sich alt. Schweren Herzens gestand sie sich ein, dass es besser sei, die Gorilladame abzugeben. Sie musste an Elviras Zukunft denken. Was wäre denn, wenn Frieda morgens nicht mehr aufstehen könnte, sondern tot im Bett liegen bliebe? Immerhin war sie keine zwanzig mehr. Was würde mit der Prinzessin geschehen?

Als Elvira nach dem Frühstück ihr Vormittagsschläfchen hielt, rief Frieda im Tierheim an. Nachdem sie ihr Anliegen vorgebracht hatte, sagte die Frau am Telefon bloß »Sehr witzig!« und legte auf.

Sie ließ sich nicht beirren und wählte erneut die Nummer. Sie wusste ja, dass ihre Geschichte nicht besonders glaubwürdig klang.

Beim zweiten Telefonat erzählte sie, wann genau sie das Tier aufgenommen hatte. Damals habe ganz groß in der Zeitung gestanden, dass ein Gorilla hier in Bremen entlaufen und spurlos verschwunden war. Sie bat die Dame vom Tierheim darum, es in aller Ruhe zu überprüfen, sie würde einfach in einer halben Stunde nochmal anrufen.

Als sie wieder anrief, war die Frau am Telefon ganz aufgeregt. Endlich schien sie ihr zu glauben.

Kurz darauf kamen ein Tierarzt und eine Sondereinheit der Polizei in die Rolandstraße. Elvira wurde, nachdem Frieda sie mit sanften Worten und Eukalyptusbonbons beruhigt hatte, mit einem Spezialgewehr betäubt und in einer Transportkiste fortgebracht.

Frieda stand hilflos daneben. Über ihr Gesicht liefen die Tränen. Die Dame vom Tierheim tröstete sie liebevoll und versprach ihr, dass es dem Gorilla gut gehen werde. Der Primat würde im Zoo reichlich Platz zum Spielen haben und artgerecht untergebracht und versorgt werden. Es sei für das Tier das Beste. Sie könne ihren Schatz im Zoo besuchen und alles würde gut werden.

8

Frieda ließ den Blick über das Wasser schweifen. Sie war lange nicht mehr hier gewesen. Als Elvira bei ihr lebte, hatte sie weder die Lust noch die Zeit gehabt, hierher zu kommen. Doch nun saß sie wieder auf der Bank, im Rücken die ehemalige Kaimauer und vor sich die träge dahinfließende Weser. Es war schon dunkel und nieselte ein wenig. Das machte ihr nichts aus. Sie war gerne hier, sah auf das Wasser und dachte an ihr Schätzchen. Ein paarmal war sie mit dem Zug nach Hamburg gefahren und hatte sie im Zoo besucht. Die Dame vom Tierheim hatte Recht behalten. Elvira schien es dort gut zu gehen. Sie war nicht mehr so fett und hatte Bäume, in denen sie munter herumkletterte.

»Ich könnte morgen Kartoffelpuffer machen«, wechselte sie in Gedanken das Thema. Die hatte ihre Prinzessin auch so gerne gemocht.

»Ob ich noch ein Glas Apfelmus da habe?«

Sie wusste es nicht genau. Zu Hause wollte sie gleich nachsehen. Noch vor dem Schlafengehen. Frieda stand auf, reckte sich ein wenig. Es war an der Zeit heimzugehen.

Als sie aufstand und sich zum Gehen wandte, prallte sie beinahe gegen eine sehr hohe, schlanke Gestalt. Das riesige Wesen spreizte die Vorderbeine und senkte langsam den Kopf zu ihr hinunter.

»Du bist ja eine Hübsche«, begrüßte sie die Giraffe und kraulte ihr das Kinn.

»Aber ich kann dich doch nicht mit zu mir nach Hause nehmen.«

Da schaute das Tier sie mit schönen, runden Augen an und klimperte mit den langen Wimpern.

Frieda seufzte.

Weihnachtswunder

1

Ferdinand hörte einen Knall und sah Sophie neben sich zusammenbrechen.

Im gleichen Moment krachte es erneut und er fühlte einen reißenden Schmerz im Hals. Graf Harrach, der bei ihnen saß, erschrak und rief aus: »Majestät, was ist euch?«

»Es ist nichts«, stöhnte der Prinz, verdrehte die Augen und fiel in den ledernen Sitz des Automobils.

Kurz darauf war der Erzherzog Franz Ferdinand tot.

2

Während der Prinz gegen zwölf Uhr in Sarajewo den letzten Atemzug röchelte, stieg in Brandenburg ein Kaufmannssohn aus einem See. Seine Kameraden und er johlten und klatschten sich gegenseitig auf die nassen Schultern.

Der letzte Sonntag im Juni strahlte zwar in herrlichem Himmelblau, doch das sonnige Bild täuschte. Im Gegensatz zur Hitze in Sarajewo war es in Brandenburg ungewöhnlich kühl. Als Karl vor seinen Kameraden flapsig bemerkte, er würde sich von dem bisschen Kälte das Schwimmen nicht vermiesen lassen, nahmen sie ihn beim Wort. Gemeinsam tobten sie prustend im Wasser herum, rangelten, tauchten einander unter und versuchten niemanden merken zu lassen, wie sehr die Sommerkälte ihnen den Atem verschlug.

Mutter hätte ihn, wie stets am heiligen Sonntag, lieber in der Kirche gesehen. Doch Karl war kein Schuljunge mehr. Im Geschäft des Vaters war er immer pünktlich und fleißig, von Montagmorgen bis Sonnabendmittag. Er stand seinen Mann, brachte die volle Leistung. Da würde er ja wohl über seinen freien Tag verfügen dürfen, wie es ihm behagte.

Nachdem sie sich wieder bekleidet hatten, schlugen sie in ausgelassener Stimmung den Weg zum Wirtshaus ein. Bevor sie die Schenke erreichten, kam ihnen eine junge Frau entgegen. Die Burschen stießen sich gegenseitig die Ellenbogen in die Seiten, nickten kichernd zu ihr hin und nannten sie »ein süßes Zuckerpüppchen«. Als Karl sie erkannte, bekam er einen roten Kopf und sah zu Boden. Die Kameraden zogen weiter, während er verlegen vor ihr stehen blieb.

»Guten Tag, Karl.«

»Guten Tag, Anneliese.«

»Na, ihr seid aber eine vergnügliche Runde.«

Er nickte und kratzte mit der Schuhspitze Striche in den Kies.

»Deine Haare sind ja ganz nass. Werd' mal nicht krank.«

Er schüttelte den Kopf. »Werd' ich nie. Wir waren schwimmen.«

Aus der Ferne riefen die anderen.

»Seht euch die Turteltauben an!«

»Prinz Karl und seine Prinzessin, so ein schönes Paar!«

»Nun komm, das Bier wird schal!«

Bald leierten sie im Chor:

»Prinz Karl, Prinz Karl,
das Bier wird schal!«

»Ich geh mal.«

»Ja, geh du nur.«

Er nickte ihr kurz zu und lief zu den anderen.

Im Gasthof wurden etliche Humpen geleert. Doch während seine Kameraden lachten, sangen und sich dem Rausch ergaben, saß Karl still daneben, scherzte bloß, wenn er direkt angesprochen wurde, und hielt sich aus allem raus. Er dachte an Anneliese. Was war sie für ein umwerfendes Wesen. So schön. So lieb. So unnahbar. Ihre Worte klangen in ihm nach: »Werd' mal nicht krank.« Eine honigsüße Sorge hatte da in ihrer Stimme gelegen. Karl fuhr mit dem Finger in eine Bierpfütze und malte ein A auf den Tisch. Ein A für Anneliese.

Von einem kräftigen Schlag auf die Schulter wurde er aus den Träumen gerissen. »Kikeriki!«, brüllte Friedrich in sein Ohr. Karl hatte keine Ahnung, warum Friedi das tat. Er hatte den Albernheiten schon eine Weile nicht mehr zugehört. Auf gut Glück bellte Karl ihn an wie ein Hund. Offensichtlich lag er damit genau richtig, denn die Kameraden brachen in Gelächter aus. Sie hoben nacheinander die Krüge und ahmten verschiedene Tiergeräusche nach. Unauffällig verließ Karl das Gasthaus. Auf dem Weg durch die kühle Abendluft kreisten seine Gedanken um den wunderbarsten aller Menschen. »Ja, geh du nur«, hatte sie ihm gesagt. Und das hat so warm und nett, so lieb und freundlich geklungen. Doch mit einem Mal war ihm, als habe er auch Verachtung in ihrer Stimme gehört. Und das Lächeln, das sie dabei auf den Lippen trug, hatte in ihm nicht ein Hauch von Spott gelegen? Ja, was sollte eine Heilige wie die Anneliese an ihm finden? Zumal seine Kameraden ihn gehörig blamiert hatten. Diese Rüpel hatten kein Benehmen, keinen Stil. Anneliese musste ja denken, er sei genau wie sie. So dumm und besoffen und ungehobelt. Und recht hatte sie, die Anneliese: Er war ein ebenso jämmerlicher Wurm. Nie und niemals würde solch ein Engel sich auf einen wie ihn einlassen!

3

Franz Joseph I., der Kaiser von Österreich-Ungarn war empört über den Mord an seinem Neffen. Durch die feige Tat serbischer Übeltäter hatte das Reich den Thronfolger verloren.

Ende Juli 1914 erklärte Franz Joseph Serbien den Krieg. Und das, obwohl das mächtige Russland auf der Seite des Feindes stand. Das konnte er nur wagen, weil das Deutsche Reich ihm bedingungslose Unterstützung zugesagt hatte.

Der deutsche Kaiser Wilhelm II. interessierte sich nicht für den Prinzenmord. Jedenfalls nicht persönlich. Politisch sah er die Tat serbischer Terroristen jedoch als einen Glücksfall an. Wenn der Zar sich in den Konflikt zwischen Österreich-Ungarn und Serbien einmischte, hatte Wilhelm endlich einen Anlass für einen Krieg gegen Russland. Seine militärischen Berater hatten dringend dazu geraten, die Gunst der Stunde zu nutzen. Deutschland sollte einen russischen Krieg wagen, bevor das Zarenreich zu mächtig wurde.

Und bevor Frankreich Gelegenheit hatte, Wilhelm in den Rücken zu fallen, müsse er es mit einem kurzen Militärschlag unterwerfen. Am besten wäre es, den Franzmann an mehreren Fronten gleichzeitig hart anzugreifen. Aus dem Westen und aus dem Nordosten über Belgien. Und wenn Frankreich erst zerstört daniederlag, konnte das Deutsche Reich seine Kräfte bündeln und Russland endgültig unterwerfen. Bloß durften die Russen keine Zeit mehr haben, ihre militärische Stärke auszubauen. Der Feldzug musste zügig beginnen. Und zügig enden.

Also gab Kaiser Wilhelm harmlosen Bürgern eilig tödliche Waffen und hetzte sie mit gnadenloser Gewalt gegen die Bevölkerung anderer Staaten.

Eine Nation nach der anderen geriet in den blutigen Taumel des Krieges, in den grausamen Strudel von Blut und Vernichtung.

Es wurde erzählt, dieser Kampf sei ehrbar und nicht zu vermeiden. Es sei die heilige Pflicht des Einzelnen, dem geliebten Vaterlande brav zu dienen. Und die Leute taten, was verlangt wurde. Junge Männer zogen jubelnd mit wehenden Fahnen in die Schlacht.

Alle für die jeweilige Heimat, für Ruhm und Ehre. Und alle gegeneinander.

4

Als Karl sich freiwillig zum Dienst an der Waffe meldete, wurde ihm gesagt, dass der Krieg spätestens Weihnachten siegreich beendet sein würde. Da musste er sich beeilen. Denn dies war seine Gelegenheit, sein Krieg, nun konnte er beweisen, was für ein toller Kerl er war. Wenn er doch bloß rechtzeitig an die Front käme. Er wollte in den Kampf ziehen und ein Held werden. Für Kaiser und Vaterland! Und für Anneliese. Sein Lieschen würde ihn vermissen, sich Sorgen machen und ihn schließlich glücklich in die Arme schließen, ihn, den ruhmreichen und tapferen Kämpfer.

Um die Grundausbildung anzutreten, musste Karl mit der Eisenbahn in einen Ort nordwestlich von Berlin reisen. Die Wagen waren hoffnungslos überfüllt. Sämtliche Sitzplätze waren besetzt. Die meisten Fahrgäste, allesamt junge Männer, lagerten in den Gängen. Neben einem rothaarigen Schlaks fand Karl ein Plätzchen, wo er sich auf seinen Koffer setzen konnte.

»Tag«, begrüßte er den Rothaarigen.

Der grinste und bot ihm eine Zigarette an.

»Na, auch auf dem Weg, den Franzmann zu verhauen?«

Karl nahm die Zigarette und nickte. »Und selber?«

»Na klar, wer will denn jetzt zu Hause bleiben? Das Vaterland ruft.«

»Das wird ein feines Hauen und Stechen!«, mischte sich ein pickeliger Junge ein. »Bis zum Jahresende ist die Sache gelaufen!«

»Na, wenn du Held da mitmischst«, spottete der Rothaarige, »muss ich ja zusehen, dass ich noch 'n Franzmann abkriege!«

»Nimmst du halt die Russen.«

Nachdem sich das Gelächter gelegt hatte, stellte Karl fest: »Jedenfalls bin ich froh, wenn es endlich losgeht.«

»Wird schon losgehen, Kumpel.«

»Der Engländer ist jetzt ja auch dabei.«

»Na und? Der Tommy macht mir keine Angst.«

Alle konnten es kaum erwarten, das Soldatenhandwerk zu erlernen. Die freudige Aufregung wurde allerdings nach Ankunft in der Kaserne schnell zertreten. Zur Begrüßung wurden sie angeschnauzt. Unteroffizier Maas nannte sie einen »erbärmlichen Haufen von Milchbubis und Jammerlappen!«

In wenigen Wochen absolvierte Karl die Grundausbildung. Er lernte schießen und sich zu ducken, lernte strammzustehen, zu marschieren und das »Maul zu halten«. Karl robbte durch den Dreck, ließ sich beschimpfen und erniedrigen, brüllte »Jawohl!« und »Zu Befehl!«

Wenn er nach Dienstschluss mit den anderen zusammensaß, dreckig und verschwitzt, wenn sie davon sprachen, dass sie lieber heute als morgen in den Krieg ziehen wollten, wenn sie markige Sprüche kloppten wie »Jeder Schuss – ein Russ! Jeder Stoß – ein Franzos'!«, dann fühlte Karl sich wohl, dann fühlte er sich fast so, als habe er schon eine der vielen Heldentaten vollbracht.

Und einmal hat Unteroffizier Maas jedem eine Flasche Bier und eine Zigarette geschenkt, weil sie sich, wie er sagte, »so wacker geschlagen« hätten.

In solchen Momenten war Karl stolz und glücklich. In solchen Momenten war er ein Held.

Nach der kurzen Grundausbildung wurde Karl in den Westen nach Flandern beordert. Er ärgerte sich darüber, nicht gleich direkt an der Front dienen zu dürfen. Stattdessen wurde er dem Nachschub, weit hinter der hintersten Linie, zugeteilt.

Das Herumlungern im Hinterland war langweilig und zermürbend. Gelegentlich mussten er und seine Kameraden strammstehen und exerzieren. Die meiste Zeit über spielten sie Karten und warteten ab. Er dachte oft an Lieschen, träumte von ihr und schrieb Briefe, die er nie abschickte. Wenn er eine echte Heldentat vollbracht haben würde, dann könnte einen »richtigen« Brief schreiben, dachte er.

Seine Kameraden beklagten sich oft untereinander, dass sie dazu verurteilt seien, im Hinterland zu versauern, während die Glückspilze an der Front den Tommys, ordentlich eins über die Rübe ziehen durften. Karl befürchtete, wie viel andere auch, nicht rechtzeitig zum Einsatz zu kommen. Möglicherweise käme er zu spät, denn bis Weihnachten sollte der Krieg ja beendet sein.

Und endlich – endlich ging es los: Er bekam den Marschbefehl zum Einsatz an der Front!

5

Im Schützengraben verflog der Reiz des Krieges augenblicklich.

Nachdem Karl in Leichenaugen geblickt und verbranntes Menschenfleisch gerochen hatte, verging ihm jede Lust an Heldentaten. Wenn die

Kugeln der Tommys um seine Ohren pfiffen, konnten Kaiser und Vaterland ihm gestohlen bleiben! Dann wollte er nur nicht der Nächste sein, den es erwischte.

Der Tod war allgegenwärtig, oft ließ er seine Opfer zwischen den Schützengräben im Niemandsland verfaulen. Holen konnte man die Unglücklichen in der Regel nicht, denn da hätte man sich ebenso gut danebenlegen können.

Die Ratten lebten im Paradies und es stank gewaltig!

Manchesmal schossen Karl Tränen in die Augen, manchesmal bereute er, sich zum Militär gemeldet zu haben. Er wollte nur noch nach Hause, heim zu Lieschen.

Innerhalb weniger Wochen wurde er zum »alten Fronthasen«, denn er hatte schnell begriffen, dass es besser war, sich zu ducken, als den Kopf über den Grabenrand zu heben, um auf den Tommy zu schießen. Die Tränen, die zum Glück niemand gesehen hatte, versickerten in Staub und Dreck. Bald kamen keine mehr nach. Karl merkte kaum, dass er allmählich abstumpfte. Er träumte weiterhin von Anneliese und schrieb ihr Briefe, die er nie abschickte, aber ansonsten wurde er immer kälter und härter.

Als ein paar Neulinge an die Front kamen, schaute einer von ihnen neugierig und ungeschickt über den Grabenrand. Die feindlichen Schüsse verfehlten ihn nur um ein paar Millimeter. »Kopf runter, Bubi, sonst macht ihn dir der Tommy kaputt!«, rief jemand und zog das Milchgesicht in Deckung. Da ist er zusammengeklappt und hat gejammert: »Diese Schweine, sie hätten mich beinahe erwischt, oh mein Gott, sie hätten mich beinahe erwischt!«

»Ja, was denn sonst!«, dachte Karl und grinste, sagte aber nichts. Der Bubi fiel ihm noch einige Male auf. Er hieß Erich, ein schüchterner blasser, Knabe. Außer mit seinem Kumpel Adolf sprach er kaum mit jemandem. Manchmal, wenn er glaubte, dass es niemand sehen konnte, zog er ein Schmuckstück aus der Tasche, ein in Silber eingefasster Stein. Wahrscheinlich hatte er diesen Schatz von seiner Liebsten als Andenken geschenkt bekommen. Das fand Karl lächerlich. Jedenfalls war Erich ein komischer Vogel.

Mit dem Winter kam der Frost und ging der Leichengestank, der zuvor durch die Gräben zog. Bloß in der Feldhütte, wo die Männer schliefen und sich ausruhten, roch es noch unangenehm. Nicht nach Verwesung, sondern nach altem Schweiß, ungewaschener Wäsche und nach ungezählten Männerfürzen. Doch in der primitiven Holzbude biss die Kälte weniger scharf zu als im Graben.

Auf dem Feld bewegte sich nicht mehr viel. Schon lange gab es weder für die Briten noch für die Deutschen nennenswerte Erfolge. Es schien, als seien die Soldaten auf beiden Seiten kriegsmüde, es schien, als sei der Kampfgeist eingefroren, wie die Leichen auf dem Feld. Ab und zu kam es zu kurzen Schusswechseln. Mal wagten die Engländer einen Angriff und jagten die Deutschen in einen der hinteren Schützengräben, mal gelang es den Deutschen, die Engländer zurückzudrängen. Ansonsten wurde nur noch geschossen, wenn jemand so dämlich war und den Kopf aus der Deckung hob.

Und dann kam die Adventszeit.

6

Mit der Feldpost erhielt Karl ein Päckchen von Anneliese.

Seine Hände zitterten. Er drückte den Schatz an die Brust und stapfte durch den Graben weg von der Postausgabe. Mit dem Rücken zu den anderen setzte er sich auf einen Stapel Sandsäcke. Drei oder viermal atmete er tief durch, genoss den Moment, die Vorfreude, die prickelnde Aufregung. Lieschen hatte an ihn gedacht. Sich die Mühe gemacht und ihm ein Päckchen zurechtgemacht. Für ihn. Nur für ihn. Sie trug Karl in ihrem Herzen. Gierig riss er das braune Packpapier auf.

Karl war überzeugt, noch nie so schöne Socken gesehen zu haben. Die säuberlich gestrickten Maschen reihten sich mit wunderbarer Leichtigkeit, in perfekter, gleichmäßiger Harmonie aneinander auf. Warm sahen sie aus, und wenn er die grobe Wolle an die Nase hob, war ihm fast, als könne er einen Rest von Lieschens Duft einatmen. »Die hat mir meine Braut gestrickt«, erzählte er jedem mit einem stolzen Grinsen im Gesicht. Anziehen wollte er sie nicht. Obwohl er an den Füßen fror. Diese Socken waren zu schade, um verschlissen zu werden. Manchmal, wenn er unbeobachtet war, roch er genüsslich an ihnen. Da fühlte er Lieschens Lippen auf den seinen und ihm wurde zärtlich warm ums Herz.

Je näher Weihnachten rückte, umso mehr Päckchen kamen aus der Heimat. Nicht nur Familien schickten Liebesgaben, auch das Rote Kreuz, wohltätige Frauenvereine und ganze Schulklassen packten Schokolade, Kekse und warme Kleidung für die Helden zusammen. Die Oberste Heeresleitung lieferte sogar kleine Weihnachtsbäume an die vorderste Linie. Fertig geschmückt, mit Kerzen und Kugeln und allerlei Glitzerzeug.

Am 24. Dezember versammelten sich die Soldaten nachmittags im Unterstand und entzündeten die Lichter an »Wilhelms Bäumchen«. In den Tagen davor hatten sie Päckchen mit Liebesgaben aus der Heimat zurückgelegt. Ein paar Lieder sollten gesungen werden und anschließend eine richtige Bescherung folgen. Karl spürte eine kindliche Vorfreude. Seinen Kameraden schien es nicht anders zu gehen. Sie kicherten übermütig und rissen blöde Witze. Nachdem Offizier Meyer »Ihr Kinderlein kommet« angesungen hatte, verflogen die Albernheiten im Nu. Nacheinander stimmten alle mit ein und eine sentimentale Rührung kam auf. Weihnachten – das war Heimat, das war Kindheit und vor allem: Das war Frieden! Karl fühlte seine Augen feucht werden. Er hätte gerne an Lieschens Socken gerochen, unterließ es jedoch. Das würde ein lächerliches Bild abgeben: ein flennender Soldat unter dem Weihnachtsbaum an der Front, der an ungetragenen Socken schnupperte, wie ein Karnickel an einer Möhre. Da sah er sich lieber das Bäumchen an. Die Lichter leuchteten so schön und die Kugeln glänzten wie die rührigen Augen der Kameraden. Nach dem ersten Lied wurde eine Keksdose herumgereicht. Und eine Flasche Schnaps. Dann wieder die Kekse und wieder die Flasche. Es wurde andächtig geraucht, getrunken und ein Lied nach dem anderen gesungen. Nach »Stille Nacht, Heilige Nacht« schwiegen die Soldaten ergriffen. Ehrfürchtig lauschten sie der heiligen Stille, tief berührt von der Feierlichkeit des Moments. Zögerlich wurde diese Ruhe von einem Klatschen unterbrochen. Etwas schüchtern klang ein dünner Applaus aus dem britischen Schützengraben herüber. Nachdem dieser behutsame Beifall abgeklungen war, hörten sie von drüben die englische Version »Silent Night, Holy Night«.

»Ich werd verrückt, der Tommy singt Weihnachtslieder!«

»Menschenskind, wer hätte das gedacht?«

»Kneif mich, ich träume.«

Die Soldaten applaudierten, verließen noch klatschend den Unterstand und spähten vorsichtig über den Grabenrand. Als sie erneut »Stille Nacht, Heilige Nacht« anstimmten, fielen die Engländer mit ein. Sie sangen eine ganze Reihe Weihnachtslieder, mal die Deutschen, mal die Briten und mal alle gemeinsam. Erich sprang auf, nachdem sie »Alle Jahre wieder«

gesungen hatten, und rannte wie vom Teufel gejagt zum Unterstand. Im nächsten Moment kehrte er zurück. Die Kerzen brannten noch und der Schmuck klimperte ein bisschen, als er die kleine Fichte über die Grabenkante hob und »Merry Christmas!« rief. Hell beleuchtet bot er beim Aufstellen des Baumes ein sicheres Ziel. Aber niemand schoss. Stattdessen wurde geantwortet: »Merry Christmas, Fritz!« Nun reihten die Engländer Lichter auf den Rand ihres Grabens auf und riefen: »We not shoot! You not shoot!« Erich wiederholte diese Parole, stieg aus der Deckung und ging langsam auf den Feind zu. Es wurde nicht geschossen. Ein Tommy kam ebenfalls hervor, hob die Hände als wolle den Milchbubi in den Arm nehmen. »We not shoot. You not shoot!« Dem Engländer folgten weitere und auch die Deutschen stiegen langsam aus dem Graben. Karl schloss sich zögernd an. Ein bisschen verloren standen die Gegner sich auf dem Schlachtfeld gegenüber. Hier und da wurde verlegen gelacht. Ein Brite kam auf Karl zu und reichte ihm die Hand. »Merry christmas, Fritz. My Name is Henry.«

»Ich bin der Karl. Frohe Weihnachten.«

Henry gab ihm ein Kästchen von der Größe einer Zigarettenschachtel. In dem Deckel war ein Frauengesicht im Profil eingraviert. Karl fand, sie sah aus wie Anneliese. »Schön«, sagte er und strich zärtlich über das kühle Metall.

»Take it, my friend, it 's christmas.«

»Für mich? Herzlichen Dank, thank you, Henry.«

Er steckte die Dose ein. Nun sollte der Tommy auch ein Geschenk bekommen. Karl wühlte in seinen Taschen. Im Mantel stieß er auf die Socken. Er zögerte. Die konnte er natürlich nicht hergeben. Doch mit krümeligen Zigaretten wollte er den Briten auch nicht abspeisen. Schließlich gab er Henry sein Taschenmesser. Das hatte er mal zum Geburtstag bekommen und seitdem immer bei sich getragen. »Bitte schön, Henry, my friend, frohe Weihnachten.«

Überall auf dem Schlachtfeld fanden sich Grüppchen, die miteinander lachten und Kleinigkeiten austauschten. Es wurden Weihnachtslieder gesungen und manche Flasche herumgereicht.

Am nächsten Morgen trafen sich die Soldaten beider Seiten, um gemeinsam die Opfer zu beerdigen. Jeder Tote fand nun eine würdige Ruhestätte, ganz unabhängig davon, ob er Brite oder Deutscher war. Nach getaner Arbeit bildeten sich wieder kleine, gemischte Gruppen. Diesmal stand Karl nicht mit leeren Händen da. Großzügig verteilte er Schokolade, Zigaretten und

Kekse. Und als er Henry zwischen den Gräben wiedertraf, gab es eine fröhliche Begrüßung, als habe er endlich einen lang vermissten Freund wiedergefunden. Die Soldaten lachten, sangen und ließen Schnapsflaschen kreisen. Ganz unerwartet tauchte ein Lederball auf. Niemand wusste, woher er kam. Da wurden sie übermütig wie alberne Schuljungen. Ausgelassen und lebenslustig rangelten und krakeelten sie um die Wette. Erwachsene, uniformierte Männer kickten den Ball fröhlich auf dem schlammigen Feld hin und her. Mittags trugen sie das Essen auf das Schlachtfeld und aßen gemeinsam im Stehen. Da wurde gescherzt und geplaudert und bald waren sich alle einig, dass am Nachmittag ein richtiges Fußballspiel stattfinden sollte. Ein Platz war schnell abgesteckt. Zwei provisorische Tore konnten ebenfalls rasch gefunden werden. So stand dem Spiel nichts mehr im Wege.

7

»Das wird ab sofort und unverzüglich eingestellt!«, bellte der General mit zornesrotem Kopf. »Hören Sie, Sie Pfeife, ich will, dass das aufhört! Sie persönlich haften mir dafür, dass dieser Firlefanz beendet wird, bevor die Obrigkeit davon erfährt! Wer weiterhin den Feind schont, wird umgehend vor das Kriegsgericht gestellt! Wegen Hochverrat! Haben Sie verstanden? Schluss mit dem Zirkus! Jeder Stoß – ein Franzos'! Jeder Tritt – ein Britt'!«

An der gesamten Westfront war es mehrfach zu spontanen Waffenstillständen gekommen. Das konnte nicht geduldet werden.

Und es wurde nicht geduldet.

8

Nach Weihnachten tauchte der Hauptmann regelmäßig im Graben auf und stellte klar, was er von unsoldatischer Nachlässigkeit an der Front hielt.

»Grundsätzlich und ausnahmelos wird gefeuert, sobald sich einer der britischen Lumpen zeigt!«, befahl er. »Feigheit und Vaterlandsverrat werde ich nicht zulassen!«

Offizier Meyer bestand ebenfalls darauf, dass wieder »anständig« Krieg geführt wurde.

Die alte Ordnung war wieder hergestellt. Die Ratten bekamen frisches Futter. Es wurde erneut scharf geschossen. Es wurde erneut getötet und gestorben.

Bloß Karl war verändert.

Der Appetit auf Heldentaten war ihm schon lange vergangen. Doch nun schoss er bewusst daneben, wenn er dem Schießbefehl folgte. Schließlich konnte er niemals wissen, ob unter dem anonymen Helm eines Tommys nicht sein »friend« Henry steckte. Oder irgendjemand anderes, der sein »friend« hätte sein können.

Karl hoffte jeden Tag, jede Stunde, dass dieser böse Zauber bald vorübergehen möge. Und endlich war es so weit. Der große Krieg war vorbei. Karl gehörte zu den Glücklichen, die ihn überlebten. Er brauchte nicht mehr den Kopf einzuziehen oder dauernd daneben zu feuern. Er durfte nach Hause. Einfach so.

Bei seiner Heimkehr begrüßte Anneliese Karl warm mit den Worten: »Deine Haare sind ja ganz nass. Werd' mal nicht krank.«

Zuerst begriff er nicht, was sie damit sagen wollte, denn seine Haare waren trocken. Doch dann erinnerte er sich, wie er ihr vor vielen hundert Jahren begegnet war, als er in unbeschwerter Fröhlichkeit vom See kam. Nie mehr könnte es wieder so sein wie damals. Aber er wollte wenigstens so tun, als ob.

Karl lächelte sie an.

Wenn er später auf den Krieg angesprochen wurde, grummelte er bloß: »Es schlagen sich immer nur die falschen Leute tot und halten die Köppe hin! Bleib mir bloß weg, mit dem ganzen militärischen Pack und Herrschaftsgelumpe!«

Henry hat er nie wieder gesehen. Und er hat auch nie erfahren, dass die hübsche Frau auf der Blechdose, die Prinzessin Mary, die Tochter des britischen King George V. war.

Anmerkung des Verfassers:
Auch wenn es unglaubwürdig erscheint, beruht dieses schöne historische Ereignis auf einer wahren Begebenheit an der Westfront 1914.

Fachlich habe ich mich überwiegend an »Der kleine Frieden im großen Krieg« von Michael Jürgs orientiert.

(C. Bertelsmann Verlag 2009)

Blutmond

»Wenn bei Anbruch der zwölften Stunde der Blutmond rot erstrahlt ...«

Kerzengerade sitzt Christian im Bett. Er fühlt sich klamm, durchgeschwitzt. In seinem Kopf drehen sich diese Worte. Was sie bedeuten könnten, weiß er nicht. Die Traumtrümmer bleiben ihm hartnäckig im Gehirn kleben. An Schlaf ist vorläufig nicht mehr zu denken, also steht er auf, zieht den Morgenmantel über und schlurft in die Küche. Ein kleiner Imbiss wird ihn auf andere Gedanken bringen. Eine Weile steht er an der offenen Kühlschranktür und schaut hinein. Da gibt es nichts, was ihm schmecken würde.

Im Wohnzimmer legt er eine CD von Miles Davis ein. Nach ein paar Takten geht ihm die Musik auf die Nerven. Blutmond, zwölfte Stunde – was man sich manchmal für einen Blödsinn zusammenträumt. Er schmeißt Miles Davis raus, schaltet den Fernseher ein und sieht sich eine alberne Comedyserie an. Das funktioniert. Der rätselhafte Halbsatz belästigt ihn nicht länger, sinkt ab in Bedeutungslosigkeit.

Am nächsten Morgen ist Christian unausgeschlafen. Wie gewöhnlich trinkt er nur eilig einen Kaffee im Stehen. Frühstücken wird er nachher in der Kantine. Oder er wird, wenn er viel zu tun hat, sich eine Kleinigkeit ins Büro bringen lassen.

Die blödsinnigen Worte aus dem Traum hat er vergessen. Bloß einmal, mitten im Meeting mit den Investoren aus Brüssel, schießen sie ihm kurz durch den Kopf. Doch es fällt ihm nicht schwer, diesen Unfug abzuschütteln.

Der Tag zieht sich ein wenig in die Länge. Christian bekommt zu spüren, dass er nachts zu lange vor dem Fernseher gesessen hat. Am Abend muss er noch ein Geschäftsessen überstehen. Wieder mit den Belgiern. Die Stimmung ist gut und Christian hält die Gäste geschickt bei Laune. Trotz Müdigkeit und Sodbrennen gibt er sich charmant, höflich und witzig. Nachdem er die beschwipsten Herren im konzerneigenen Kleinbus ins Hotel gebracht hat, bittet er den Fahrer, ihn auf dem Rückweg in der Nähe seines Appartments abzusetzen. Den eigenen Wagen lässt er vor dem Büro stehen.

Die letzten Schritte nach Hause geht er über den alten Friedhof. Die Nachtluft tut ihm gut. Nur ein paar Stunden bleiben ihm, bis er wieder ein dauergrinsender Saubermann sein muss. Nur noch ein paar Stunden, dann wird er die verkaterten Belgier aufsuchen und den Investorenvertrag unterschreiben lassen. Wenn er diesen Deal einsackt, hat er gute Chancen, in die internationale Führungsebene aufzusteigen.

»Wenn bei Anbruch der zwölften Stunde der Blutmond rot erstrahlt ...«

Christian schreckt aus dem Schlaf. Da ist er wieder, der Traum, von dem nichts übrigbleibt als ein blödsinniger halber Satz. Verdammt, er kann doch nicht schon wieder stundenlang vor dem Fernseher hocken. Nein, er bleibt liegen. Morgen früh muss er fit sein. Es steht viel auf dem Spiel, da darf er sich nicht von so einem Kinderkram aus dem Konzept bringen lassen. Er bleibt liegen und schließt stur die Augen. Sein Herz rast. Im Brustbereich macht sich ein Gefühl von Enge breit. Er kommt nicht zur Ruhe.

Wütend schlägt er die Bettdecke zur Seite, steht auf und schlurft in die Küche. Eine Weile schaut er in den offenen Kühlschrank. Obwohl er keinen Appetit hat, nimmt er sich ein paar Eier heraus. Irgendetwas muss er ja tun. Er legt sie neben den Herd und kramt die Pfanne hervor. Blutmond? Was soll das sein? Christian lässt Pfanne und Eier liegen, geht in das Wohnzimmer und fährt den Laptop hoch. Kurz darauf weiß er, dass es sich um ein einfaches astrologisches Ereignis handelt. Der Mond taucht dabei in den Schatten der Erde und wird nicht mehr voll von der Sonne bestrahlt. Da nun aber das Sonnenlicht von der Erdatmosphäre gebrochen wird und so indirekt auf den Mond trifft, leuchtet dieser dann rot. Also eine ganz harmlose Angelegenheit, kein Grund für schlechte Träume. In wenigen Tagen, am Freitag, wird man das Phänomen am Nachthimmel beobachten können. Als ihm auffällt, dass es auch noch Freitag, der 13. sein wird, muss er lachen. Er ist kein abergläubischer Mensch, aber hier hat der Zufall ein bisschen zu dick aufgetragen. »Das ist ja albern!« Er klappt den Laptop zu, geht wieder ins Bett und versucht, an etwas anderes zu denken. Kurz darauf summt der Wecker. Christian hat das Gefühl, gar nicht geschlafen zu haben.

Zum Frühstück nimmt er zwei Magentabletten und eine gegen die Kopfschmerzen. In der Garage fällt ihm ein, dass sein Wagen vor dem Büro steht. Er bestellt ein Taxi und fährt direkt ins Hotel. Die Belgier schlafen noch und er muss beinahe eine Stunde warten. Verschenkte Zeit, die er eigentlich nicht hat. Nach einem kurzen, gemeinsamen Imbiss kommen sie endlich zur Vertragsunterzeichnung. Freundlich verabschiedet Christian seine Geschäftspartner und eilt ins Büro. Jetzt fängt die Arbeit erst an. Er diktiert zwei offizielle Mitteilungen an den Vorstand, arbeitet die wichtigsten E-Mails ab und erstellt die ersten Entwürfe für die Folgeverträge mit den Belgiern. Mittags lässt er sich von der Sekretärin eine fettige Kleinigkeit aus der Kantine holen und arbeitet ohne wirkliche Pause bis zum Abend weiter. Der Magen rebelliert zornig und schickt ihm heftiges Sodbrennen. Auf dem Heimweg hält Christian bei der Apotheke an und holt sich neue Magentabletten. Gegen sein Herzrasen gibt es kein Mittel. Der Apotheker rät ihm, einen Arzt aufzusuchen.

Auf dem Weg von der Garage zur Wohnungstür kommt ihm kurz der Gedanke, ob er nicht einen Abendspaziergang unternehmen sollte. Er könnte über den kleinen Friedhof gehen und an der Straße wieder zurück. Vielleicht würde ihm das gut tun. Doch diese Idee verwirft er sofort. Er ist einfach zu müde. Stattdessen brät er sich eilig die Eier auf, die noch in der Küche herumliegen, und geht direkt ins Bett. Obwohl er hundemüde ist, kann er lange nicht einschlafen.

»Wenn bei Anbruch der zwölften Stunde der Blutmond rot erstrahlt, und die Kreaturen der Finsternis dich rufen …«

Christian ist wütend. Da ist er wieder, dieser blödsinnige Traum! So ein Mist! Jetzt sind auch gruselige Kreaturen dazugekommen. Als hätte er keine anderen Sorgen! Unruhig schleicht er durch die Wohnung, sucht Ablenkung, Beschäftigung. Die dritte schlaflose Nacht. Bald wird er im Büro nicht mehr zu gebrauchen sein. Zum Glück hat er die Sache mit den Belgiern hingekriegt. Aber deswegen bleibt ja die Welt nicht stehen. In wenigen Tagen liegen wichtige Termine an, die von noch größerer Bedeutung sind. Da darf er nichts vermasseln. Wenn er bei den Verhandlungen wie eine lebende Leiche rumhängt, das wäre eine Katastrophe. Der Vorstand würde ihm die Hölle heiß machen. Nervös legt er sich wieder ins Bett. Das Atmen fällt ihm schwer. Ein übermächtiges Gewicht drückt ihm auf die Lunge und sein Herz hämmert hektisch.

Am Vormittag hat Christian ein Meeting mit Herrn Teufel von der Konzernführung. Sie wollen sich über seinen weiteren beruflichen Weg unterhalten. Mitten im Gespräch fallen ihm die Worte aus dem Traum wieder ein, drehen sich im Kreis. Hartnäckig beherrschen sie seine Gedanken. Er kann Herrn Teufel nicht mehr folgen, sieht nur das verzerrte Gesicht, fühlt die Enge in der Brust.

»Wenn bei Anbruch der zwölften Stunde der Blutmond rot erstrahlt, und die Kreaturen der Finsternis dich rufen … Wenn bei Anbruch der zwölften Stunde …«

Christian spürt eine Hand auf seiner Schulter.

»Ist Ihnen nicht gut?«, hört er die Frage des Teufels.

»Doch doch, alles bestens.«

»Fein, zu dem, was ich schon gesagt habe, möchte ich hinzufügen …«

Den Rest des Gespräches bekommt er nicht mehr mit. Zu laut ist die Traumstimme in seinem Kopf.

In dieser Nacht wartet Christian schwer atmend auf den Schlaf, obwohl er genau weiß, dass er ihn nicht finden wird. Zu ätzend frisst das Sodbrennen am Inneren des Halses, zu brutal krampft der Magen. Dass er schließlich doch eingedöst sein muss, erkennt er daran, dass ihn wieder die Traumstimme weckt: »Wenn bei Anbruch der zwölften Stunde der Blutmond rot erstrahlt, und die Kreaturen der Finsternis dich rufen …«

Und da wird ihm klar, dass es eben kein Blödsinn ist. Dieser Traum hat eine Bedeutung! Christian zählt die Tage, vielmehr die Nächte. Bald ist endlich Freitag. Freitag, der Dreizehnte! Dann wird sich zeigen, was passiert!

Wie zu erwarten, ist Christian am nächsten Tag fahrig und unkonzentriert bei der Arbeit. Wie schlafwandelnd schleicht er durch das Büro, kippt abends ins Bett, erträgt die Traumstimme der folgenden Nacht und schleppt sich auch noch durch den Freitag.

An diesem Abend versucht er gar nicht erst einzuschlafen. Es ist Freitag, der Dreizehnte. Zum Anbruch der zwölften Stunde wird er erfahren, was die Worte aus dem Traum zu bedeuten haben. Er ist sicher, mit »Blödsinn« haben sie nichts zu tun. Unruhig tritt er an das Fenster. Der Himmel ist klar. Der Vollmond wird als »Blutmond« zu Mitternacht »rot erstrahlen«. Christian ist nervös. Etwas wird geschehen. Und er weiß nicht was. Kurz nach dreiundzwanzig Uhr verlässt er die Wohnung. Im Haus hält er es nicht mehr aus. Ohne über den Weg nachzudenken, geht zur zum kleinen

Friedhof. Der Vollmond hängt am Himmel. Geheimnisvoll hat er sich in rotes Licht gehüllt. »Blutmond« – eine passende Bezeichnung, findet Christian. Für einen Augenblick muss er an Herrn Teufel denken, ohne zu wissen wieso. Auf einem gepflegten Kiesweg geht er an Grabsteinen und Koniferen vorbei. Ein Käuzchen schreit. Eine »Kreatur der Finsternis«. Er bleibt stehen. Schaut sich den Mond an. Lauscht, ob noch weitere »Kreaturen« rufen – Stille. Er holt tief Luft. Mitten in der Nacht steht er auf dem kleinen Friedhof, beißt auf die Unterlippe und wartet. Worauf, weiß er nicht genau, aber es muss etwas Großes und etwas Gruseliges sein.

Doch es geschieht – nichts. Das Käuzchen schweigt. Eine Wolke schiebt sich vor den roten Mond. Schließlich wirft er einen Blick auf die Armbanduhr. Es ist schon Viertel nach. Die zwölfte Stunde ist bereits angebrochen und es ist nichts geschehen. Christian ist erleichtert. Und auch ein wenig enttäuscht. Diese Stimme hat ihn verrückt gemacht, und wozu? Nur damit nichts geschieht? Er ist sicher, der Traum wird nicht wiederkommen. Wieso er das so genau wissen kann, weiß er nicht. Doch er ist sicher, es hat sich ausgeträumt.

Die frische Nachtluft flutet wohltuend seine Lunge. Christian atmet tief durch, setzt sich in der lauen Sommernacht auf eine Bank. »Komisch«, denkt er, »ich habe gar nicht bemerkt, dass es eine so schöne, milde Nacht ist.« Er lehnt sich zurück, schaut in den Himmel. So wie die Wolke den Mond wieder freigibt, so fühlt auch er sich befreit. Er spürt Ruhe und Gelassenheit. Und da merkt er, dass doch etwas geschehen ist: Zum Anbruch der zwölften Stunde haben der Konzern und seine Karriere, der Teufel und die Investoren jede Macht über ihn verloren.

Christian fühlt sich sicher und genießt die kühle Nachtluft, die so ungehindert wie seit langem nicht mehr in die Lunge strömt. Zufrieden blickt er auf den roten Mond. Er weiß, jetzt könnte er schlafen, doch dazu ist die Nacht zu schön. Eine Weile sitzt er noch auf der Bank, bis er schließlich aufsteht und lachend nach Hause geht.

Epilog

An einem Samstagnachmittag traf ich im Urwald einen Fisch.

Zunächst rührte er sich nicht, doch dann zwinkerte er mir lächelnd zu, drehte sich um und verschwand. Kurz darauf sah ich ihn auf einer Baumspitze sitzen. Er hatte sich inzwischen Federn wachsen lassen und trällerte froh eine mir bekannte Melodie.

Der Federfisch saß auf dem höchsten Wipfel und sang mir das ewig wahre Lied der unglaubwürdigen Geschichten.

Danke, Fisch.

Ian Watson

Spielfelder

Eine Fußballmigration

184 S., 22 Abbildungen
Taschenbuch, Format 14 x 22 cm
14,90 Euro
ISBN 978-3-95494-097-4

»Eine Autorenkollegin fragt, was um Himmels Willen Fußball mit Migration zu tun habe. Meine erste – für sie – kryptische Antwort lautet: ›Frag Guardiola und Klopp‹. Ich kenne nämlich keinen Berufsstand, der so viele Migranten beschäftigt – ob Binnenwanderer oder Grenzen Überschreitende. Das Kind eines Profifußballers wechselt die Heimatstadt sogar öfter als eines aus einer Bundeswehrfamilie …«
Der irisch-bremische Autor, Literaturwissenschaftler und Werder Bremen-Fan Ian Watson fand in Deutschland eine zweite Heimat, die allmählich droht, seine erste zu werden. Er hat die Sitten und Gewohnheiten seines Gastlandes sowie seiner alten Heimat beobachtet, verglichen und aufgeschrieben, und ist so gleichzeitig Bestandteil und distanzierter Kritiker beider Kulturen. Ein wesentlicher Faktor in diesem Tauziehen ist seine Verbundenheit mit dem deutschen Fußball, die er seit 40 Jahren als Hobbykicker und Fußballvater, aber vor allem im Stadion verfolgt. Literatur und Fußball geben Halt und stiften Identität, das heißt, sie fördern Zusammengehörigkeit. In Spielfelder untersucht der Kulturhistoriker anhand von eigenen und den Lebenserfahrungen anderer das Spannungsfeld innerhalb des Dreiecks Heimat-Identität-Fußball. Watson mischt Fakt mit Fiktion, ernsthaft Historisches mit satirischen Glossen sowie Journalismus mit Lyrik und Anekdoten zu einem unterhaltsamen Potpourri. Spielfelder ist also Lebenschronik und Fußballgeschichte, Leidensweg und Liebeslied.

Elke Weiß

Kopflos im Park

Kriminalroman

344 Seiten
Taschenbuch, Format 14 x 22 cm
16,90
ISBN 978-3-95494-107-0

Zwei harte Brocken für den Bremer Kriminalkommissar Bodo Strehler: Ein Mord im idyllischen Bürgerpark und ein Fall tödlichen Cybermobbings halten ihn in Atem. Er bekommt es mit einem undurchsichtigen Zwillingspaar zu tun – und mit einer exzentrischen Autorengruppe, die sich selbst zerfleischt. Habgier, Rache, Neid? Mit Hilfe seiner krimibesessenen Ehefrau Inge gelangt er in Bremens literarische Szene und ins Auge eines Shitstorm. Gelingt es ihm auch, das Rätsel um den abgetrennten Schädel zu lüften?

Zwei gegen den Krebs...

Jürgen Block

Die Heilungsreisenden

Roman

192 Seiten
Taschenbuch, Format 14 x 22 cm
14,90 Euro
ISBN 978-3-95494-103-2

Anna und Berti wurden ganz schön vom Leben gebeutelt. Es gab gute Tage, sicher. Aber schlechte gab es auch, und das nicht zu knapp. Aber gleich von schlechtem Leben reden? Nö. Weil, Anna und Berti haben sich den Humor bewahrt, wie eine eiserne Ration oder wie eine Kostbarkeit. Denn in Anna rumort wieder der Krebs – Krebs mit allem Pipapo. Kurzentschlossen wählt Anna statt OP-Schlachtbank einen Spontan-Urlaub. So zuckeln sie kreuz und quer durch die Weltgeschichte und erleben Abenteuer, von denen sie früher nicht einmal zu träumen wagten.
Der Roman »Die Heilungsreisenden«, der von einem tapferen Ehepaar handelt, verlangt ebenso tapfere Leser, die sich trauen, sich auf ein berührendes und etwas anders erzähltes Leseabenteuer einzulassen.

Gesa Schwarze / Anja Ulbig

Fünf Minuten Fies

Kurzkrimis aus Bremen

128 Seiten
Format 22 x 14 cm
14,90 Euro
ISBN 978-3-95494-106-3

Es macht Spaß, fies zu sein. Und zu zweit kann man das noch viel besser! Das ist zumindest die Meinung der beiden Bremer Autorinnen Gesa Schwarze und Anja Ulbig.
Und so lassen sie ihrer Bosheit in Kurzgeschichten, die in Bremen und Umgebung spielen, freien Lauf.
Es wird genüsslich intrigiert, betrogen und gemordet – die heile Welt und Happyends haben in ihren Geschichten keinen Platz.
Der Leser darf die beiden Autorinnen auf schaurige Streifzüge durch Bremen und umzu begleiten und wird vielleicht einige Schauplätze vor seiner Haustür entdecken und in Zukunft besser meiden...
Gelacht werden darf natürlich trotzdem: Hauptsache, der Humor ist schwarz!

Unterhaltsame Geschichten aus Bremen

A. Bremen

Nimm Platz!

Bankgeschichten aus Bremen

156 Seiten, 12 Abbildungen
Taschenbuch, Format 22 x 14 cm
14,90 Euro
ISBN 978-3-95494-105-6

Acht Bremer Autorinnen und Autoren laden zum Lesen ein – auf Bremer Bänken an verschiedenen Orten Bremens (Geodaten sind angegeben). Natürlich kann man die skurrilen, nachdenklichen, spannenden und fantastischen Bank-Geschichten auch auf dem heimischen Sofa lesen. Aber direkt am Ort des Geschehens, beispielsweise auf einer Bank an der Schlachte einem Gorilla zu begegnen, auf der Emmabank im Bürgerpark in die vierziger Jahre zu tauchen, unter einer Parkbank in Walle einen Schatz zu vermuten, oder auf einer Bank etwas über Heini von der Müllhalde zu erfahren, ist schon etwas anderes!
Mit Texten von Heike Sonn, Andreas Mundt, Petra Pot d'or, Jan Ischke, Manuel Bianchi, Gerda Smorra, Stine Volkmann, Sunny Claire.

Andreas Mundt wurde 1967 geboren. Ein paar Jahre später schrieb er seine ersten Kurzgeschichten und Gedichte. Irgendwann ist die Schreiberei jedoch in den Hintergrund getreten. Bis zu dem Tag, an dem er diese alte Leidenschaft entstaubt und zu neuem Leben erweckt hat. Nun lässt er wieder bunte Welten entstehen, in denen bemerkenswerte, teilweise skurrile Dinge geschehen.

Die Texte des Autors laden manchmal zum Nachdenken ein, manchmal zum Schmunzeln. Und immer wieder lassen sie den Leser stutzen.

Besuchen Sie auch die Autorenhomepage:
http://andreas-mundt.jimdo.com/